Michael Winteroll

DIE GESCHICHTE BERLINS

Michael Winteroll

DIE GESCHICHTE BERLINS

Ein Stadtführer durch die Jahrhunderte

nicolai

Bildnachweis

DEFA-Kroiss: 123

Landesarchiv Berlin: 5 links, 8, 11, 17, 57, 103, 114

Landesarchiv Berlin/Barbara Esch-Marowski: 5 rechts, 33, 34, 41, 47, 50, 65, 68, 85, 138

Landesarchiv Berlin/Stefane Jacob: 116

Landesarchiv Berlin/Edmund Kasperski: 74, 76

Landesarchiv Berlin/Klaus Lennartz: 29, 124, 129, 132, 137

Landesarchiv Berlin/Henry Ries: 5 Mitte, 109

Umschlagbild: Eduard Gaertner, »Ansicht vom Pariser-Platz hieselbst«, 1846
(Sammlung Dr.-Georg-Schäfer-Stiftung, Schweinfurth)

2. überarbeitete Auflage 2004

Satz und Repro: LVD GmbH, Berlin
Druck und Bindung: Clausen & Bosse, Leck
ISBN 3-89479-167-5

INHALT

GLÜCKSRITTER AUS DEM WESTEN

BERLINS ANFÄNGE AM SPREEÜBERGANG 1180–1440

300–500 n.Ch. Berlin ist eine Gründung von Abenteurern, von Menschen, die sich hier im Osten, jenseits der alten Grenzen des Heiligen Römischen Reiches eine bessere Zukunft versprechen.

Zwischen 300 und 500 nach Christi Geburt verlassen im Zuge der Völkerwanderung germanische Stämme allmählich den Raum zwischen Elbe und Oder. Um 600 ziehen Westslawen in das fast entleerte Land, hauptsächlich entlang der Wasserwege. Seit dem 12. und 13. Jahrhundert besiedeln deutsche Bauern aus West- und Mitteldeutschland nach und nach das Gebiet des heutigen Landes Brandenburg.

Das deutsche Herrschergeschlecht der Askanier aus dem Ostharz erobert im 12. und 13. Jahrhundert slawische Burgen und baut sein Machtgebiet vier Generationen lang immer weiter in östlicher Richtung aus. Diese askanischen Markgrafen (Mark = Grenzgebiet) lassen dazu von Unternehmern, sogenannten Lokatoren, Dörfer und Städte für die deutschen Siedler anlegen. Die militärischen Eroberungen werden damit gesichert. Ein anderes Herrschergeschlecht, die Wettiner aus dem Gebiet des heutigen Sachsen, verfolgt von Süden her eine ähnliche Strategie.

Wo heute das Berliner Zentrum liegt, wohnt damals niemand. Aber: Auf dem heutigen Stadtgebiet Berlins
1150 bestehen um 1150 zwei wichtige slawische Burgen: Köpenick an der Mündung der Dahme in die Spree und Spandau an der Mündung der Spree in die Havel, das mit einer stadtähnlichen Siedlung verbunden ist, von der aus Kaufleute Fernhandel treiben.

Der Weg von Köpenick nach Spandau läuft auf dem nördlichen Ufer der Spree entlang. Auf halber Strecke passiert er einen günstigen Flussübergang: Im Süden reicht hier die Hochebene des Teltow (Kreuzberg, Tempelhof) bis dicht ans Ufer, auf der Nordseite ist nach zwei Kilometern mit der Barnimebene ebenfalls wieder fester Boden erreicht (Prenzlauer Berg). Sandinseln bieten dazwischen den hölzernen Rädern der Kaufmannswagen Grund, seit alters her nutzen sie deshalb diesen Übergang für Fahrten von Mitteldeutschland zur Ostsee.

Die Flussüberquerung bleibt für beladene Wagen auch an einer günstigen Stelle schwierig, es gibt Aufenthalt. Zwischen 1180 und 1220 entstehen so zwei Siedlungen links und rechts dieser Passage. Historiker sprechen von »Staumärkten«: Berlin (der Name bezeichnet im Slawischen eine trockene Stelle am Wasser) auf der nördlichen Sandinsel, das kleinere Cölln (die ersten Siedler kommen vom Rhein) auf der südlicheren. Jede der beiden Siedlungen besitzt eine einfache hölzerne Kirche.

1237 erwähnt eine Urkunde den Cöllner Pfarrer Symeon, der uns bald darauf als Berliner Probst begegnet, zusammen mit dem Berliner Schultheiß (= Stadtrichter) Marsilius. Das Jahr dieser ersten schriftlichen Erwähnung liegt den gern gefeierten Stadtjubiläen zugrunde (1987=750-Jahr-Feier). Tatsächlich dürfte Berlin damals bereits seit Jahren Stadtrecht besessen haben. 1237

Die ersten Bewohner kommen vom Rhein, aus Franken, Westfalen und dem westlichen Sachsen. Diese Familien gehörten wahrscheinlich bereits in ihrer Hei-

Rekonstruiertes Haus im Museumsdorf Düppel

mat zum Adel oder zum städtischen Patriziat. Sie treiben Fernhandel, bilden die Gilde der Kaufmannschaft und stellen die Stadtregierung, den Rat.

Das Bürgerrecht der neuen Stadt kann jeder kaufen, der ehelich geboren ist und keinen »unehrlichen« Beruf ausübt, also weder Weber, Schäfer, Bader, Scharfrichter noch Gaukler ist. Die Handwerke des täglichen Bedarfs: Bäcker, Fleischer, Schuster und Tuchmacher bilden die »Viergewerke«. Anteil an der Stadtregierung besitzen Handwerker nicht.

Um 1230 beginnt der Bau der steinernen Nikolaikirche. Die Franziskaner lassen sich ebenfalls um diese Zeit nieder, 1252 bereits tagt in Berlin die jährliche Versammlung der Ordensprovinz. Die Dominikaner, zweiter Bettelorden in den mittelalterlichen Städten, kommen später. Sie errichten ihre Niederlassung erst 1297 und bauen ihre Kirche in Cölln.

Eine hölzerne Brücke verbindet Berlin mit Cölln, ebenso ein Damm, der die Spree aufstaut: Mühlen lassen sich auf diese Weise betreiben (bis ins 19. Jh. gehören sie dem Landesherrn, und die Berliner müssen in ihnen ihr Getreide mahlen lassen), und das vom Markgrafen verliehene Stapelrecht lässt sich mit Hilfe des Dammes durchsetzen: Alle passierenden Ladungen müssen entladen und auf dem Berliner Markt angeboten werden. Die Spree fließt mitten durch die Doppelstadt, aber je ein Flussarm umschließt Berlin wie Cölln zusammen mit einem Palisadenzaun auch auf den äußeren Seiten. Die Häuser bestehen aus Lehmfachwerk, sind einstöckig, strohgedeckt und noch ohne Schornstein, der Rauch zieht aus Giebelöffnungen ab. Die meisten Gebäude stehen mit der Traufe zur Straße, rückwärtig erstrecken sich Gärten.

Berlins Kaufleute verkaufen Roggen und Bauholz havelabwärts nach Hamburg und beziehen dafür Leinen und Luxuswaren. Aus dem Osten vermittelt man Pelze, Wachs und Honig Richtung Küste.

1280 Das Siegel der Stadt zeigt 1280 zwei Bären neben einem Wappenschild mit Adler. In Berlin werden jetzt Münzen des Landesherrn geprägt und der erste nachweisbare Landtag der Mark tagt in der Stadt, die sich auch zum ersten Mal ausdehnt: Westlich des um die Nikolaikirche gelegenen ursprünglichen Zentrums entsteht der Neue Markt und das neue Viertel bekommt auch eine Pfarrkirche: Sankt Marien.

DIE HOHENZOLLERN KOMMEN

1319 stirbt mit Woldemar dem Jüngeren die Dynastie der märkischen Askanier im Mannesstamm aus. Für mehr als 100 Jahre gibt es keine dauerhafte und starke Zentralgewalt mehr in der Mark. Die Dynastien der Luxemburger und Wittelsbacher, die auch die Deutschen Könige stellen, streiten sich um das Land. Die Städte sind auf sich selbst gestellt und werden unabhängiger.

1348 kommt es zu einem politischen Groß-Betrug: 1348
Ein Hochstapler in Pilgerkleidung erklärt, er sei Markgraf Woldemar, und seinerzeit 1319 gar nicht gestorben sondern auf Pilgerfahrt in das Heilige Land gezogen. Er wird von askanischen Nebenlinien und von den Wittelsbachern lanciert. Der »Falsche Waldemar« – als der geht er in die Geschichte ein – findet für einige Jahre Anhänger, vor allem unter den Städten.

1373–78 regiert Kaiser Karl IV. aus dem Hause Luxemburg die Mark. Unter ihm erhält Brandenburg 1356 das Recht, den Deutschen König zu wählen (=küren), aus dem Markgrafen von Brandenburg wird der Kurfürst von Brandenburg. Und 1375 lässt Karl ein »Landbuch« anlegen, das Verzeichnis aller Dörfer und Besitzungen, eine frühe Statistik. Für viele märkische Dörfer, davon einige, die heute zum Berliner Stadtgebiet gehören wie Dahlem oder Blankenburg, stellen die Angaben die erste historische Erwähnung dar.

Um 1300 beginnen Berlin und Cölln, die Palisaden an der Landseite durch eine steinerne Stadtmauer mit Türmen und Weichhäusern (zur Stadtseite offene Halbtürme) zu ersetzen. Der untere Teil wird aus Feldstein-, der obere aus Ziegelmauerwerk errichtet. Rund zwei Jahrzehnte dauert das. Die Kirchen der Bettelorden sind inzwischen fertiggestellt: Geräumig, aus Backstein, aber, wie die Ordensregeln es vorschreiben, ohne Türme. Neben dem Franziskanerkloster steht jetzt das »Hohe Haus«, ein dreischiffiger gotischer Hallenbau. Hier wohnt der Landesherr, wenn er die Stadt besucht. 1307 bauen sich Berlin und Cölln ein gemeinsames Rathaus: Zwischen sich, genau auf der Mitte der Langen Brücke.

Oberschicht und Handwerkerschaft werden wohlhabend. Der Rat verbietet allzu prunkhafte Kleidung, das Spielen um hohe Einsätze und legt genau fest, wie viele Gäste etwa zu Hochzeiten geladen werden dürfen

1391 und wie viele Gerichte es bei der Feier geben darf. 1391 gelingt es der Stadt, sämtliche Einkünfte und Rechte des Stadtgerichts für die – immense – Summe von 356 Schock Groschen zu kaufen: Jetzt ist Berlin sein eigener Herr, bestellt den Stadtrichter und behält auch die – bedeutenden – Einkünfte in voller Höhe.

Bedroht wird Berlin vom Landadel: Die Ritter haben ihre militärische Rolle weitgehend verloren. Ihr land-

Ruine der Klosterkirche

wirtschaftlicher Besitz aber ist noch kaum größer als der der Bauern, sie können davon nicht Waffen, Rüstung und Pferde bezahlen und halten sich durch Raubzüge gegen Kaufleute und Städte über Wasser. Bereits 1323 schließen sich Berlin, Köpenick und Spandau mit neun umliegenden Städten zur gegenseitigen Hilfe bei Übergriffen zusammen. Aber das Problem bleibt ungelöst. 70 Jahre später, 1393 haben sich bereits 21 Städte der Mittelmark zur »Landwehr« vereint. 1404 engagiert Berlin den größten Schädling, Dietrich von Quitzow, zur Verteidigung, eine Taktik, die nur kurz Erfolg bringt.

Die Verhältnisse ändern sich erst, als die Zentralgewalt wieder stärker wird: 1415/17 wechselt – wieder einmal – die Landesherrschaft: Der Deutsche König belehnt den Burggrafen von Nürnberg, Friedrich IV. von Hohenzollern, mit der Mark Brandenburg. Die Hohenzollern stammen aus Süddeutschland, ihre Besitzungen liegen in Franken.

Berlin als bedeutendste Stadt huldigt dem neuen Herrn im Hohen Haus und schlägt bereits im Jahr darauf gemeinsam mit Friedrich am nordwestlich von Spandau gelegenen Sumpfpass »Kremmer Damm« das Heer der eingedrungenen Pommern.

Die eigentlich Probe auf Friedrichs Autorität wird jedoch die Niederwerfung der Raubritter. Die Städte
helfen gerne. 1414 werden Berliner Glocken einge- **1414**
schmolzen, um daraus Geschütze zu gießen. Die tonnenschweren Rohre werden dann über die Sumpfwege des Havellands vor die Burgen der Quitzows gezerrt: Das Mauerwerk hält den Kugeln nicht stand. Dietrich von Quitzow wird gefangen und in der Spandauer Burg eingekerkert.

Zunächst bleiben Berlin und Cölln selbstständig, ihre Unabhängigkeit wächst sogar noch. Man schaut sich auch nach mächtigen Bündnispartnern um und nimmt 1435 am jährlichen Parlament der Hansestädte teil, dem Hansetag. 1436 kauft Berlin die einst vom Ritterorden der Tempelherren gegründeten, inzwischen dem Johanniterorden gehörenden Dörfer Tempelhof, Mariendorf, Marienfelde und Rixdorf (heute Neukölln), damit erzeugt die Doppelstadt ihre eigenen Lebensmittel und erhält zusätzliche Einnahmen.

Aber Friedrich von Hohenzollern ist die Macht der Städte ein Dorn im Auge: 1440 geschieht etwas beunruhigend Neues. Bisher hatte ein neuer Landesherr immer erst die Privilegien der Städte bestätigt, worauf diese dann seine Herrschaft anerkannten und den »Huldigungseid« leisteten. Jetzt verlangt der Markgraf: Zuvor müsse ihm die Stadt Gehorsam und Gefolgschaft versprechen, danach erst werde er ihre Rechte bestätigen.

Die sozialen Spannungen in Berlin kommen Friedrich
1442 zu Hilfe. 1442 klagen »Gewerk und Gemeine« (die Handwerker und die nicht im Rat vertretenen Bürger) vor dem Landesherrn gegen die Stadtobrigkeit. Berlin sperrt Friedrich die Tore. Der besetzt daraufhin die Tempeldörfer, Berlins teuersten Besitz. Und er ruft ein Gericht der Landstände nach Spandau ein. Bei denen, der Geistlichkeit und dem Adel Brandenburgs, hat die Stadt keine Chance, nicht einmal die märkischen Städte stehen auf ihrer Seite: Berlin wird verurteilt, den Friedrich geschworenen Treueeid zu halten. Die Berliner sehen sich allein gelassen und geben auf. Viel versprochen hatten sie sich von der Hanse, Norddeutschlands mächtigem Städtebund, zu dem sie Beziehungen geknüpft hatten. Die Kaufherren an Trave und Elbe aber kalkulieren kühl die Chancen der kleinen Stadt an der Spree auf dauerhafte Selbstständigkeit und kommen zu einem negativen Ergebnis. Hilfe, handfeste militärische gar, ist von der Hanse nicht zu erwarten. Die Akten des Bundes stellen nüchtern fest, Berlin sei nun »eigen« geworden, hieß: gehöre einem Herrn, sei nicht mehr »frei« und damit keine mögliche Hansestadt mehr.

Friedrich als Landesherr bestimmt auch wieder die Berliner Richter, die Stadt verliert die so teuer erkaufte und ein halbes Jahrhundert behauptete Gerichtshoheit. Entscheidend für die Zukunft aber wird ein anderer Entschluss des Markgrafen: Er wird sich in der Stadt einen Sitz zu errichten. Nicht einfach nur ein stattliches Gebäude wie das Hohe Haus, sondern eines, das sich

DIE HOHENZOLLERN KOMMEN

notfalls auch verteidigen lässt: eine Burg. Am 31. Juli 1443 legt der Markgraf den Grundstein. Platz genug ist in der Doppelstadt. Die Mauerringe der Neugründungen östlich der Elbe waren immer großzügig bemessen. Auf der Cöllner Seite gibt es eine etwas sumpfige Insel, den »Werder«, hier entsteht der Zwingbau. Ein alter Turm der cöllnischen Stadtmauer wird mit einbezogen und sollte alle Neu- und Umbauten bis zum Abriss überstehen, wegen seiner späteren Kupferhaube als »Grüner Hut« berühmt.

GESCHICHTSSPUREN

Das **Museumsdorf Düppel,** eine von einem Verein angelegte, in Jahrzehnten gewachsene Freilichtrekonstruktion mittelalterlichen Lebens. Hier wird gezeigt, wie auch im frühen Berlin die Häuser ausgesehen haben und wie es sich in ihnen gelebt hat. Alle Bauten wurden entsprechend archäologischer Grabungsbefunde rekonstruiert.
Geöffnet von Anfang April bis Anfang Oktober, Clauertstraße 11 (Zehlendorf).
Die Stadt **Spandau,** Verwaltungsbezirk von Berlin, besitzt mehrere Bauwerke, die einen Blick in das Mittelalter erlauben: In der Altstadt bietet das Gebäude Reformationsplatz 2–4 von der Straße her Einblick in die Fundamente des ehemaligen **Dominikanerklosters** (1230 bis 1536).
In der **Zitadelle** (Am Juliusturm) ermöglicht ein archäologischer Keller den Blick auf Reste der Vorgängerbauten der deutschen Burg. Der **Juliusturm,** um 1200 auf dem Areal einer slawischen Burg errichtet, mit dreieinhalb Meter dicken Mauern im Sockelbereich, gilt als das älteste erhaltene nicht-kirchliche Bauwerk auf Berliner Gebiet. Der daneben stehende **Palas** der einstigen Burg stammt aus dem 14. Jh.
Das Gebäude Breite Straße 32, **»Gotisches Haus«** (Museum), zeigt im Inneren die Stern- und Netzgewölbe eines Kaufmannshauses aus dem 15. Jh. Die Bauten der Berliner und Cöllner Patrizier dürften ähnlich ausgesehen haben.
Auch Spandau wurde nach 1319 ummauert, Reste der **Stadtmauer** (Hoher Steinweg) zeigen ein – rekonstruiertes – Weichhaus.

Zur Spandauer Stadtkirche St. Nikolai siehe Seite 22.

Im Berliner Zentrum:

Neben einem kleinen Abschnitt der **Stadtmauer** aus dem 14. Jh. (Littenstraße) haben sich aus dem Mittelalter vier Kirchenbauten erhalten:

Die **Klosterkirche** (Ruine, Klosterstraße 73 a). Um 1250 entstanden, der Chor um 1300 gilt als ältestes Berliner Bauwerk, das sich in der ursprünglichen Gestalt erhalten hat. Bauhistoriker datieren die Bauweise zwischen das Domkloster in der Stadt Brandenburg und das Kloster Chorin.

Die **Nikolaikirche** (Nikolaikirchplatz, Stadtmuseum). Man hat die Fundamente eines romanischen Vorgängerbaus ausgegraben. Die aus glatt behauenen Quadern aufgeführte Westwand, das Portal und die unteren Turmgeschosse der heutigen Kirche wurden vor der Mitte des 13. Jhs. errichtet, das spätgotische Schiff und der Chor im 14. und 15. Jh. (die markanten Turmspitzen trägt der Bau erst seit 120 Jahren).

Die **Marienkirche** (Karl-Liebknecht-Straße 8). Um 1270/80 begonnen, 1292 erstmals erwähnt, fertiggestellt Anfang des 14. Jhs.; bemerkenswert die sorgfältig behauenen Feldsteinquader im unteren Mauerbereich.

Der Turm ist jünger: 1418 begonnen und Ende des 15. Jhs. vollendet (die heutige elegante Spitze stammt vom Architekten des Brandenburger Tores Carl Gotthard Langhans). In der Turmhalle hat sich das bedeutendste Berliner Kunstwerk des Mittelalters erhalten: Ein 22 Meter langes, zwei Meter hohes Fresko aus den Jahren 1484/85. Dieser **»Berliner Totentanz«** zeigt ein komplettes Bild der damaligen Gesellschaft. Ein Zug von Gestorbenen, jeweils in charakteristischer Tracht und mit Attributen ihres Standes, wird von Totengerippen geleitet. Geschaffen wurde das Werk wohl aus Anlass einer Pestepidemie. Auch mittelalterliche Tafelbilder, Plastiken und drei Altarschreine aus verschiedenen Berliner Kirchen gehören zur Ausstattung der Marienkirche.

Die **Heiliggeist-Kapelle** (Spandauer Straße 1, von der Humboldtuniversität genutzt), 1275 erwähnt. Spitäler lagen in der Nähe von Stadttoren und hatten die Aufgabe Reisende, Bedürftige und Kranke zu versorgen.

REFORMATION UND 30JÄHRIGER KRIEG

Bis das Schloss in Berlin jedoch ständiger Aufenthaltsort der Markgrafen wird, vergehen noch Jahrzehnte. Der Bauherr Friedrich II. zieht sich nach Franken zurück, als er sein Ende nahen fühlt. Und auch die Nachfolger halten sich nur mit Unterbrechungen an der Spree auf. Erst 60 Jahre später, unter den Kurfürsten Joachim I. und Joachim II., ändert sich das.

1506 erhält auch die Mark Brandenburg eine eigene Universität, alle umliegenden Länder besitzen bereits Landesuniversitäten. Der Kurfürst entscheidet sich jedoch nicht für seine Hauptstadt, sondern für Frankfurt an der Oder. Universitäten spielen eine wichtige Rolle. In der des nahen Wittenberg, nur eine gute Tagesreise südlich Berlins, wird gerade Geschichte geschrieben: Martin Luther erschüttert mit seinen Bestrebungen zur Reformation der Kirche von 1517 an ganz Deutschland. **1506**

Auch die Einwohner der Doppelstadt an der Spree würden schon bald lutherische Prediger berufen, wenn sie dürften. Brandenburg steht jedoch politisch seit Alters her auf Seiten des Kaisers. Der muss zum Papst halten: Ohne die Kirche in Rom kein römischer Kaiser. Joachim I. bleibt daher katholisch, während viele Untertanen heimlich längst die Lieder Luthers singen.

Die neue Zeit jedoch trifft den Kurfürsten ganz persönlich: Er ist mit der dänischen Prinzessin Christine verheiratet. Die Kurfürstin fühlt sich von der Wittenberger Bewegung angezogen, konvertiert und flieht 1528 nach Sachsen. Es geht dabei nicht nur um Glauben und Frömmigkeit. Der Kurfürst hat eine bürgerliche Geliebte und hat deren Ehemann 1525 kurzerhand des Landes verwiesen. Dieser wendet sich nun an Martin Luther. Nach mehreren vergeblichen Versuchen mit dem Kurfürsten in Kontakt zu treten, veröffentlicht der Reformator 1528 die »Christliche Vermahnung D. Martin Luthers an den Kurfürsten zu Brandenburg«, ein damals unerhörter Vorgang, der weithin Beachtung findet.

Auf Joachim I. folgt 1535 sein Sohn Joachim II. Auch er neigt noch lange der katholischen Seite zu. Die Domi-

Hauptaltar der Spandauer St. Nikolaikirche

nikanerkirche neben dem Schloss wandelt er in ein Domherrenstift um und erwirbt als Ausstattung eine umfangreiche Reliquiensammlung (Reliquien = körperliche Überreste von Heiligen).

Ein Anachronismus. Viele Adelssitze der Mark haben längst lutherische Prediger bestellt, viele Städte ebenfalls, ohne dass der Landesherr das noch zu verhindern vermag. Joachim kann sich schließlich dem Druck nicht mehr entziehen. Am 1.11.1539 versammeln sich der Hof, 1539
zahlreiche Angehörige des märkischen Adels und der Bischof von Brandenburg, Hans von Jagow, in der Spandauer Stadtkirche St. Nikolai zum Gottesdienst. Zum ersten Mal empfängt an diesem Tage das Kurfürstenpaar das Abendmahl nach lutherischer Lehre »in beiderlei Gestalt«, das heißt sowohl Brot als auch Wein. Am Abend des gleichen Tages wird die neue Form des Gottesdienstes dann auch in der Berliner Schlosskapelle zelebriert. Von diesem 1. November 1539 an – bis heute Feiertag in Brandenburg – datiert der Übergang der Mark zum lutherischen Glauben.

Entscheidende Wirkung der Reformation: Die Klöster werden aufgehoben. Den umfangreichen Grundbesitz zieht der Landesherr ein. Das verschafft ihm beträchtliche Einkünfte, vor allem aber gehören ihm jetzt weite Gebiete westlich Berlins, denn zuvor hatten die Spandauer Nonnen hier Dörfer und Wald besessen. Damit ist die geographische Richtung vorgegeben, in die sich Berlin von nun an ausdehnen wird: Das Gebiet der späteren Stadtbezirke Tiergarten, Charlottenburg, Spandau und Zehlendorf.

Joachim geht daran, den neuen Besitz zu gestalten. Berlin wird zum Mittelpunkt einer ganzen »Residenzlandschaft«. Die gerade 100 Jahre alte Berliner Burg auf dem Cöllner Werder lässt Joachim zum Schloss umbauen. Und in einem großen Kreis rund um die Hauptstadt legt er einen Kranz von Jagdhäusern und kurfürstlichen Bauten an. Spandau aber wird ab 1560 zu einer modernen Festung im italienischen Stil ausgebaut.

Im Südwesten von Berlin liegt auf der Hochebene des Teltow ein ausgedehntes Waldgebiet, die Teltower

Heide. Aus der Gegend bei Potsdam erstreckt sie sich entlang der Havel bis nach Spandau, und im Osten reicht sie fast bis an den Tiergarten. Die Kurfürsten pflegen dort zu jagen. Der befestigte Weg, den die Hofgesellschaft auf den Jagdausflügen nimmt, heißt bald »der Kurfürstendamm«. An dessen Ende lässt sich Joachim II. 1542 von Caspar Theyss am Ufer eines Sees ein Jagdschloss im Stil der Renaissance errichten. Über dem Portal kann man bis heute lesen: »Zum grunen Walde«. Der Name des Schlosses geht bald auf den Wald selbst über: »Grunewald«. Auch die mittelalterliche Burg in Köpenick wird ab 1558 zu einem Jagdschloss umgestaltet, und im Norden bietet das Jagdhaus in Tegel Unterkunft.

Joachim ist völlig verschuldet und scheut vor keinem Rechtsbruch zurück. Er lässt seine Beamten sogar in Berliner Bürgerhäuser einbrechen, um zu rauben. Gleichzeitig profitiert die Stadt vom Hof: Staatsbesuche und Feste wechseln einander ab. Darunter sind auch sehr derbe Vergnügungen, wie jener am 8. August 1567 vom Kurfürsten befohlene »Knüppelkrieg« zwischen den Berlinern und den Spandauern. Auf dem Glacis vor der Spandauer Zitadelle und in Kähnen auf der nahen Havel prügelt man sich. Die Spandauer gewinnen die mit Latten und Stangen geführte Auseinandersetzung, obwohl sie nur 800 Mann gegen Berlins 1500 aufgeboten haben, aber die Einwohner des Dörfchens Staaken fallen den Berlinern in den Rücken. Um alles richtig kriegsmäßig zu haben, lässt der Kurfürst auf der Zitadelle die Trompeten blasen und befiehlt der Festungs-Artillierie zu feuern, die prompt den Turm der Spandauer Nikolaikirche in Brand schießt, Joachim gerät selbst ins Handgemenge.

1571 1571 folgt Johann Georg Joachim auf den brandenburgischen Thron. Der Ausbau der Spandauer Festung geht weiter. In Berlin entsteht damals so etwas wie ein geistiges Leben: Das Schulwesen entwickelt sich – 1574 wird das Gymnasium »Zum Grauen Kloster« in den Gebäuden des einstigen Franziskanerklosters gegründet, in Cölln die Ratsschule. Seit 1540 werden an der Spree Bücher gedruckt und in den evangelischen Kirchen wird immer besser musiziert.

Auf Joachim Friedrich (1598–1607) folgt bis 1618 Kurfürst Johann Sigismund. In seine Regierungszeit fällt der folgenreiche Übertritt der Hohenzollern zum »Reformierten Bekenntnis« im Jahre 1613. Ein rein machtpolitischer Schritt. Nur mit diesem erneuten Religionswechsel lässt sich der Erbanspruch der Hohenzollern auf Gebiete am Niederrhein durchsetzen. Die brandenburgischen Untertanen dürfen beim lutherischen Glauben bleiben. In der Schlosskapelle auf dem Friedrichswerder wird nun anders gebetet, werden andere Lieder gesungen als in St. Marien und St. Nikolai.

Die drei Jahrzehnte zwischen 1618 und 1648, »Der 30jährige Krieg« genannt, haben Brandenburg und Berlin furchtbar geschadet. Allerdings nicht gleich zu Beginn, die Katastrophe begann spät. Während der ersten anderthalb Jahrzehnte bleibt das Leben friedlich. Eine gute Zeit für Stadt und Land ist es trotzdem nicht. Der Kurfürst benötigt dringend Geld und verpachtet das Münzrecht an Unternehmer, die den Edelmetallanteil des umlaufenden Geldes verringern (»kippen und wippen«). Eine Wirtschaftskrise ist die Folge. Es kommt zu Unruhen und Plünderungen. Erst 1623 gelingt es allmählich, zu alten Münz- und Währungsgewohnheiten zurückzukehren.

Die eigentlichen Jahre des Unglücks beginnen mit einer Seuche. 1631 bricht in der Mark die Pest aus, über 1631
2 000 Berliner sterben, ein Fünftel der Bevölkerung, ähnlich verhält es sich in Spandau, wo 1 500 Einwohner umkommen. In den folgenden Jahren gibt es immer wieder neue Epidemien.

Im Juni jenes Unglücksjahres erreicht auch der Krieg die Stadt. Bis dahin waren die Heere zwar – mit den üblichen Auswirkungen – durch Brandenburgisches Gebiet gezogen, die Hauptstadt selbst aber war verschont geblieben. Jetzt steht das schwedische Heer des Königs Gustav Adolf vor den Mauern. Zwar ist der Schwede mit einer Tochter des Kurfürsten verheiratet, aber dieser ist ein Verbündeter des katholischen Kaisers, des Feindes der protestantischen Partei. Georg Wilhelm kapituliert und wechselt das Bündnis, Berlin entgeht noch knapp der Zerstörung.

In den folgenden Jahren ziehen ständig Heere durch Brandenburg, mal kaiserliche, dann wieder schwedische. Nach dem Grundsatz der Zeit, dass der Krieg den Krieg ernähren muss, plündern alle, Freund wie Feind, Stadt und Land gnadenlos und grausam aus. Zwischen
1640 1635 und 1640 trifft Brandenburg auf diese Weise eine beispiellose Katastrophe. Der Kurfürst Georg Wilhelm hat seine Hauptstadt preisgegeben und sich nach Königsberg in Preußen (heute Kaliningrad) zurückgezogen. Die Bevölkerung flieht nach Nordwestdeutschland, stirbt durch die immer wiederkehrende Pest oder wird einfach ermordet. Nur Spandau und Küstrin bleiben in Regierungshand. Der Kanzler des Kurfürsten, der katholische Graf Schwarzenberg, regiert von der Spandauer Zitadelle aus als eine Art Kriegs-Diktator.

Als der junge Kurfürst Friedrich Wilhelm im Jahr 1640 die Herrschaft antritt, leben nur noch rund die Hälfte der Einwohner Berlins. Noch zehn Jahre später ergibt eine Gebäudezählung, dass von 1209 Häusern 350 »wüst« sind. Der Wiederaufbau dauert mehr als 30 Jahre. In Spandau ist am Ende des Krieges die Hälfte aller Häuser verfallen, in Köpenick, das die Schweden verwüstet hatten, sind 1648 noch ganze 14 Bürgerstellen besetzt. In den umliegenden Dörfern, von denen Berlin einige ja gehören und aus denen die Stadt ihre Nahrung bezieht, sieht es noch schlimmer aus. In Steglitz etwa ist die alte Bevölkerung völlig verschwunden. In Reinickendorf sind 12 von 13 Höfen unbesetzt. Nur langsam bevölkern sich die Dörfer wieder, in Steglitz durch Zuzug aus Nachbarorten.

GESCHICHTS-SPUREN

Das **Berliner Schloss** ist 1950/51 von der Regierung der DDR gesprengt worden. Anhand der Reste des »Palastes der Republik« und aufgestellter Tafeln lassen sich in etwa Ort und Größe erahnen. Die zum Dom umgestaltete Dominikanerkirche ist ebenfalls längst verschwunden, aber der heutige Dom steht an gleicher Stelle.

Der Ort, an dem Brandenburg – in der Person seines Herrschers – offiziell zu einem evangelischen Land wurde, ist erhalten und sehr sehenswert: Die **Spandauer Stadtkirche St. Nikolai** (Reformationsplatz). Der heutige Backsteinbau (bereits 1234 wird eine Marktkirche erwähnt) stand 1431 im Rohbau, der Turm 30 Jahre später (barocke Haube von 1740–44). Strebpfeiler und spitzbogige Fenster mit Stabwerk gliedern Langhaus und Chor. Zwei Kapellen – im Norden die Ribbeckkapelle, im Süden die Sakristei – zeigen spätgotische Giebel. Der dreischiffige Kirchenraum vermittelt noch annähernd den Raumeindruck der Reformationszeit, von der Ausstattung allerdings hat sich wohl nur die Taufe (datiert 1398) erhalten. Ob sich die von 1540 stammende Kreuzigungsgruppe, die heute in der Ribbeckkapelle zu sehen ist, damals bereits in der Nikolaikirche befunden hat, ist unklar. Unter dem Hochaltar, von der Rückseite her einzusehen, die Gruft der märkischen Adelsfamilie von Ribbeck mit zahlreichen Särgen.

Vor dem Kirchenportal erinnert ein Denkmal an den Übertritt Brandenburgs: Kurfürst Joachim II. mit Kreuz und Schwert (Erdmann Encke 1889). Reliefplatten auf dem Sockel zeigen, wie die Mutter ihn und seinen Bruder Johann (der in der Neumark herrschte und die Reformation dort etliche Jahre vor seinem Bruder eingeführt hatte) in der lutherischen Lehre unterrichtet (was sie so kaum getan haben dürfte), wie Joachim sich mit den Reformatoren Luther, Melanchthon, Agricola unterhält (reine Erfindung) und wie – historische Tatsache – er das Abendmahl in Gestalt von Brot und Wein erhält.

Die **Spandauer Zitadelle** (Am Juliusturm). Gerade 40 Jahre zuvor war die mittelalterliche Burg zum Schloss umgebaut worden. 1560 beginnen neue Arbeiten, diesmal soll eine moderne Festung entstehen. Die Vorbilder stammen aus Oberitalien: Doppelstöckige Verteidigungsgalerien mit - Schiessscharten, besonders charakteristisch sind die Eck-

»Bastionen«: In der Gestalt einer Pfeilspitzen erlaubten sie es den Verteidigern, jeden an die Mauer gelangten Angreifer von der Seite her unter Beschuss zu nehmen.
Die Zitadelle gehört zu den am besten erhaltenen Renaissancefestungen überhaupt, trotz vieler Umbauten, und bietet von außen weitgehend das Bild der Entstehungszeit (die Verblendung mit Backsteinen allerdings wurde erst 1881–85 vorgenommen). Über dem **Tor- und Kommandantenhaus** ist das **Brandenburgische Wappen** zu sehen (Ende des 17. Jhs.). Die Bastion links davon trägt den Namen **»König«,** die rechts **»Königin«,** die zur Havel hin gelegenen heißen **»Brandenburg«** und **»Kronprinz«**.
Christoph Römer war der erste Baumeister, die Pläne stammten von Francesco Chiaramella da Gandino, der auch zwischen 1562 und 1578 den Bau leitete. Vollendet wurde die »Zitadelle« bis 1583 von Rochus Guerrini Graf zu Lynar. Der Ausbau nahm ein weiteres Jahrzehnt in Anspruch. Lynar ließ sich auf Dauer in Brandenburg nieder und baute sich in Spandau ein großes Palais (später sollte es eines der berüchtigten preußischen Zuchthäuser werden) und er stiftete der Spandauer Stadtkirche einen **Hochaltar,** der heute noch zu den Prunkstücken ihrer Ausstattung gehört (1581 geweiht, farbig gefasst 1593–96).
Das **Jagdschloss Grunewald** (im Jagen 11). Der Sage nach soll Joachim 1542 eine Stelle zum Bauplatz gewählt haben, an der er einst zwei Hirsche gefunden hatte, deren Geweihe sich beim Kampf unlösbar ineinander verhakt hatten. Auf diese Sage nimmt das Relief über dem Portal Bezug; jedoch hatte hier zuvor bereits ein Jagdhaus der Familie von Spil gestanden. Man nimmt an, dass das Schloss parallel zu den damaligen Erweiterungen am Berliner Schloss errichtet wurde. Die drei am Schlossbau beteiligten Baumeister Caspar Theyss, Kunz Buntschuh und Hans Schenk, genannt Scheutzlich, sind auf einem Sandsteinrelief in der Eingangshalle dargestellt.
Der zweistöckige Bau wurde im 17. Jh. aufgestockt und war bis 1709 ein von einem Graben umflossenes Wasserschloss; der Seespiegel lag damals höher als heute. Von der Portalüberschrift »Zum grunen Walde« hat der Grunewald seinen Namen bekommen. Der Große Saal des Jagdschlosses

Grunewald gilt als einziger erhaltener Innenraum aus der Renaissancezeit in Berlin.
Vielfach sind die Berichte von Spukereignissen im Schloss. Und die Sage, in einem Zimmer im Südflügel sei die Geliebte Joachims eingemauert worden, hielt sich so hartnäckig, dass noch zu Beginn des 20. Jahrhunderts der letzte Kaiser, Wilhelm II., verbot, die in Verdacht stehende Mauerstelle zu öffnen. Anna Sydow, genannt »die schöne Giesserin«, soll regelmäßig in Männerkleidern mit dem Kurfürsten auf die Jagd geritten sein.
Das **Ribbeckhaus** der heutigen Stadt- und Landesbibliothek (Breite Straße 35) ist das einzige erhaltene Spätrenaissancegebäude Berlins. Es wurde 1624 für Hans Georg von Ribbeck, einen kurfürstlichen Kammerrat, aus älteren Gebäuden errichtet. Der für Adelswohnhäuser der Zeit typische Bau besaß nur zwei Stockwerke. Bei der Erhöhung 1803 setzte man die vier alten Zwerchgiebel wieder aufs Dach, so dass das Aussehen noch in etwa dem einstigen Bild entspricht. Durch das sehr schöne Portal mit Knorpelwerk gelangt man in das Innere. Die Berlinsammlung der Stadt- und Landesbibliothek ist im Ribbeckhaus untergebracht und man hat daher einen problemlosen Zugang zu den kreuzgratgewölbten Räumen aus dem 17. Jh.

BERLIN UNTER DEM GROSSEN KURFÜRSTEN

Friedrich Wilhelm ist in Holland erzogen und heiratet 1646 mit Luise Henriette auch eine Prinzessin aus dem Hause Oranien. Unter seiner fast ein halbes Jahrhundert dauernden Herrschaft kehren Berlin und die Mark zu geordneten Verhältnissen zurück. Während seiner Regierungszeit werden entscheidende Grundlagen gelegt für den Aufstieg des kleinen Brandenburg zu einer europäischen Macht.

1641 1641 schließt Friedrich Wilhelm Frieden mit Schweden und 1643 bezieht er das Schloss auf dem Cöllner Werder, in dem er einst geboren wurde. Wie viele Häuser der Stadt ist es arg verfallen, sogar die Materialien zur Reparatur des Daches muss man von auswärts beziehen.

1648 endlich herrscht im ganzen Reich Frieden. Von Nikolaus Peucker, Stadtschreiber und Kämmerer Berlins, sind die Verse überliefert:

Ich bin nun wieder Herr im Haus,
Es jagt mich kein Soldat hinaus,
Es zündet mir's auch keiner an:
Das hat der Friedensschluss getan!

Brandenburg soll nicht wieder Spielball fremder Mächte werden wie in den Jahrzehnten zuvor. Der Kurfürst beschließt 1643, ein ständiges Heer bereit zu halten. Zuvor waren Truppen nur im Kriegsfall aufgestellt oder angeworben worden. Der Unterhalt der zunächst 2 700 Mann bedeutet für den ausgebluteten Staat einen Kraftakt.

1657 1657 wird Berlin Garnisonsstadt, eine Revolution des täglichen Lebens. Die Uniformen von zunächst 1 500 Männern (bei anfangs gerade einmal 6 000 bis 7 000 Einwohnern) bestimmen nicht nur das Straßenbild. Das Militär dringt in das häusliche Leben der Bürger ein. Kasernen gibt es nämlich nicht. Die Soldaten leben in den Häusern auf Einquartierung, ohne dass die Hausbesitzer dafür entschädigt werden.

Ein Aufschrei geht durch Berlin, dessen Bewohner ja gerade erst anfangen, ruinierte Gebäude wieder bewohnbar zu machen. Die Einwohner fürchten die rauen Sitten der zweifelhaften Existenzen, die damals Soldat werden. Die Töchter würden belästigt werden, lautet eine Befürchtung, und die oft betrunkene Einquartierung werde beim Hantieren mit Licht das Dach in Brand stecken. Vor allem aber schreckten die Kosten. Zwar, heißt es in einer Klageschrift, Bäcker, Brauer und Lebensmittelhändler dürften Nutzen aus den neuen Verhältnissen ziehen, sonst jedoch niemand, und »...genießt einer einen Taler ... so sind hingegen wohl fünfzig, ja hundert, die nicht allein keinen Pfennig von ihnen genießen, sondern zehnfach so viel Schaden leiden«.

Vom folgenden Jahr, 1658, an ändert sich auch das 1658
Stadtbild grundlegend. Berlin wird durch den Baumeister Johann Memhard zur Festung ausgebaut: Gräben werden gezogen, Wälle aufgeworfen, »Bastionen« entstehen, jene für die Festungsarchitektur der Zeit charakteristischen spitzwinkligen Verteidigungsvorsprünge wie sie seit fast 100 Jahren schon die Zitadelle Spandau aufweist.

Die Berliner verlieren bei dieser eingreifenden Umgestaltung Kohlgärten, Viehweiden und Wäschebleichen. Scheunen, Holzplätze, Kalköfen und Fischereien werden abgerissen. Die Einwohner müssen nicht nur Arbeitskräfte stellen, sondern das Ganze auch noch bezahlen. 25 Jahre dauert es, bis die neuen Verteidigungswerke fertiggestellt sind (da beginnen sie bereits wieder unmodern zu werden).

Der bei weitem größte Eingriff in das Leben Berlins aber erfolgt zehn Jahre nach den Beschlüssen zu Heer und Befestigung. 1668 wird das Steuerwesen umgestaltet. Statt wie bis dahin auf Haus- und Grundabgaben, setzt Friedrich Wilhelm nun auf die Besteuerung des Verbrauchs von Waren. »Akzise« heißt das neue System. Es diene dazu, setzt Friedrich Wilhelm den Berlinern auseinander, dass die Lasten »etwas gleicher getragen« würden und »je nachdem einer ... viel oder wenig konsumiert, auch viel oder wenig beitragen muss«.

Alle Berliner – außer der davon befreie Adel – zahlen nun auf jedes Maß Getreide, jede Tonne Bier und Wein, jedes Stück Fleisch Steuern. Die Lebenshaltungskosten steigen sofort stark an. Die lästige Kontrollbürokratie kostet Geld, Zeit und Nerven und ist obendrein bestechlich. Aber alle Zeitgenossen stimmen darin überein, dass die Wirkung immens ist. Durch die neue Steuer »sind in den verflossenen zwei Jahren ... mehr als 150 Gebäude zum Teil aus ihrem ganz verfallenen Zustande wieder hergestellt auch zu einem nicht unbeträchtlichen Teile völlig von neuem aufgeführt und die Stadt mit ebenso vielen bereichert und ausgeziert worden«, heißt es in einem Bericht von 1671, der sich in der Kapsel des Turmes der Nikolaikirche gefunden hat.

Auch sonst geht es wirtschaftlich aufwärts. Bereits unter Joachim II. hatte es Pläne gegeben, die Spree, die ja einen weiten Bogen nach Osten schlägt, über einen Kanal bei Frankfurt mit der Oder zu verbinden. Friedrich Wilhelm nimmt 1662 diese Pläne wieder auf, 1669 legen Breslauer Schiffe in Berlin an. Von nun an führte der Wasserweg von Schlesien nach Hamburg über Berlin.

Berlin ist Residenz, aber alles andere als eine prachtvolle Stadt. Die Straßen besitzen nur zum Teil Pflasterung, die Abwässer fließen in offenen Gräben. Eine Gassenordnung möchte 1660 wenigstens die Schweineställe von der Straßen- auf die Hofseite der Häuser verlegen und die Exkremente regelmäßig abfahren lassen; mit wenig Erfolg. Ihre Notdurft verrichten die Einwohner in den schmalen Gängen zwischen den Häusern und der Abfluss geht direkt auf die Straße. 1660 erlässt der Kurfürst eine »Brunnen- und Gassenordnung«, die ein Mindestmaß an Reinlichkeit sicherstellen, vor allem sauberes Wasser in den 379 Brunnen garantieren soll. Und nachdem 1665 Marstall und Rüstkammer niedergebrannt sind, legt eine Feuerordnung fest, dass Kamine nicht mehr aus lehmverkleidetem Holz bestehen dürfen, hölzerne Dächer, Erker und Dachrinnen verboten und die Scheunen vor die Stadt
1680 verlegt werden (Scheunenviertel). 1680 dann sorgt eine Beleuchtungsordnung dafür, dass nachts wenigstens ein paar Laternen auf den Straßen brennen.

Wenige Jahre nach Regierungsbeginn lässt der Kurfürst das Schloss mit dem Tiergarten durch eine Allee aus Lindenbäumen verbinden und neben dem Schloss einen Lustgarten anlegen. Vor allem aber bekommt Berlin zwei neue Städte (=Stadtteile), benannt nach dem Kurfürsten und seiner zweiten Gemahlin: In den Jahren ab 1662 der »Friedrichswerder« auf der Insel, die westlich des Schlosses von Kupfer- und Festungsgraben gebildet wird, und ab 1668 die »Dorotheenstadt«, im Cöllner Vorfeld, links und rechts der Linden. Auch eine zweite Residenz lässt sich Friedrich Wilhelm errichten: Seit 1661 baut Johann Memhardt das Schloss in Potsdam.

Das Aufbauwerk ist 1675 plötzlich bedroht, als ein 1675
schwedisches Heer nach langen Jahren relativen Friedens in Brandenburg einfällt. Friedrich Wilhelm stellt die zahlenmäßig weit überlegenen Schweden 40 Kilometer nordwestlich Berlins bei den Dörfern Hagelberg und Fehrbellin. Er selbst reitet an der Spitze der Kavallerie in die Schlacht. Brandenburgs Sieg über Schweden wird in ganz Deutschland bewundert. In Flugschriften wird die »Schlacht von Fehrbellin« besungen und Friedrich Wilhelm erhält zum ersten Mal die Bezeichnung »der Große Kurfürst«.

Während des letzten Jahrzehnts seiner Regentschaft greift der von den Niederlanden faszinierte Fürst weit aus: Der einträgliche Sklavenhandel zwischen Afrika und Amerika soll auch dem armen Brandenburg zu Reichtum verhelfen nach dem Vorbild der Seemächte. Für sehr viel Geld wird eine Expeditionsflotte teils in den Niederlanden gemietet, teils auf Brandenburgischen und Pommerschen Werftplätzen gezimmert. Als Experten holt man sich Niederländer. Sogar in Berlin entsteht eine Werft. Und Benjamin Raulé, der den Titel eines Kurbrandenburgischen Marinedirektors führt, baut sich einen prachtvollen Wohnsitz in Berlin und in Friedrichsfelde – damals noch Rosenfelde – einen Landsitz im holländischen Stil.

Einschneidender als das Afrikaabenteuer wird für Berlin das »Edikt von Potsdam«. In Frankreich wird die nicht-katholische Minderheit der »Hugenotten« seit 1684 schwer verfolgt. Friedrich Wilhelm lädt 1685 die

Schloss Köpenick, Wasserfront

Vertriebenen (Refugiés = Flüchtlinge) ein, sich in seinen Landen anzusiedeln. Rund 5 500 kommen in den folgenden Jahren. Zwar werden nicht alle für die Hauptstadt angenommen (auch die entvölkerten märkischen Landstädte benötigen dringend Einwohner), aber in einer Stadt von inzwischen wieder 16 000 Einwohnern bilden tausend französisch sprechende Menschen eine nicht zu übersehende, allenthalben gegenwärtige Minderheit. Die Franzosen verfügen über eigene Kirchen, eigene Innungen und eine eigene Gerichtsbarkeit. Sie kleiden sich nach französischer Mode, benehmen sich anders als die Berliner und essen feinere Speisen. Mit ihnen kommt das »Gemüse« nach Berlin, zuvor kannte man nur Kohl, Kräuter und Hülsenfrüchte in den Gärten.

Dass der Kurfürst den Ankömmlingen Vorzugsbehandlung angedeihen lässt – über mehrere Jahre hin sind sie von der Steuer befreit – macht böses Blut. Auch teilen die Franzosen zwar mit dem Herrscher das reformierte Bekenntnis, nicht jedoch mit den Berlinern, die weiter lutherisch bleiben. Die Integration verläuft schleppend, keineswegs konfliktfrei und dauert drei Generationen. Recht schnell aber stellt sich das Projekt für das Land und für die Hauptstadt Berlin als ein Import von Wissen und Können und damit als Gewinn heraus.

Seit 1677 hatte der Kurfürst bereits auch einer Anzahl vertriebener Wiener Judenfamilien Aufenthalt gewährt, mit ihnen beleben sich der Münzhandel und das Kreditwesen Berlins.

Das Schulwesen wird weiter entwickelt: Das im Krieg eingegangene Joachimsthalsche Gymnasium wird in Berlin als Schule der Reformierten neu gegründet, 1681 erhält auch der Friedrichswerder ein eigenes Gymnasium. 1688 Mit Samuel von Pufendorf kommt 1688 ein Gelehrter von europäischem Rang an die Spree. Seit 1659 steht die kurfürstliche Bibliothek im Schloss den Gelehrten zur Verfügung und wird von Reisenden der Zeit als Besonderheit vermerkt, beim Tod Friedrich Wilhelms zählt sie über 20 000 Bände.

Geschichtsspuren

Die barocke Festung Berlin ist verschwunden. Erhalten hat sich lediglich der Turm eines Stauwehrs, genannt der »Wusterhausensche Bär«, 1893 in den Köllnischen Park hinter dem Märkischen Museum versetzt.

Nachdem 1665 Marstall (Breite Straße 36) und Rüstkammer abgebrannt waren, begann Michael Maria Smids mit einem dreigeschossigen Neubau, der fünf Jahre darauf fertiggestellt war. Die Pläne stammten wohl von Johann Gregor Memhardt.

Wichtigster erhaltener Berliner Bau aus der Regierungszeit des Großen Kurfürsten ist das **Schloss Köpenick**, errichtet zwischen 1677 und 82 durch Rutger van Langervelt in den Formen des holländischen Barock. Die Fassade war auf die Wasserseite und die (Köpenicker) Lange Brücke gerichtet: Wer von Berlin her kam, sollte beeindruckt werden. Das änderte sich, als 1682 Johann Arnold Nehring die weitere Planung übernahm. Er entwarf eine Anlage mit vier Flügeln: Zur Stadt hin entstand bis 1682 der Torbau, es folgte die zur östlichen Dahmebucht hin gelegene Schlosskirche. 1688 wurde die Galerie an der Nordseite des Schlosses fertiggestellt.

KÖNIGLICHE RESIDENZ

Friedrich, der nach fast einem halben Jahrhundert Regierungszeit seines Vaters, des »Großen Kurfürsten«, 1688 den Thron besteigt, muss keine Kriegstrümmer mehr beseitigen. Die Hauptstadt braucht den Vergleich mit anderen Residenzen Deutschlands nicht mehr unbedingt zu scheuen. Viele Projekte des Großen Kurfürsten tragen jetzt Früchte.

In den Jahren zwischen 1680 und 1710 erlebt Berlin eine beispiellose Zunahme der Bevölkerung. Bei Regierungsantritt Friedrichs leben 18 000 Menschen hier, seit Ende des 30jährigen Krieges hatte sich die Bevölkerungszahl damit schon verdreifacht. Die nächste Verdreifachung dauerte nur noch halb so lange: 1710 liegt die Bevölkerungszahl bei 56 000. Berlin gehört damit zu den bevölkerungsreichsten Städten in Deutschland.

1688 war bereits mit dem Bau einer weiteren »fünften« Stadt in Berlin begonnen worden, der Friedrichstadt, südlich der vom Großen Kurfürsten angelegten Dorotheenstadt. Diese hatte jenseits der Linden nur einen Straßenzug weit nach Süden gereicht. Jetzt entsteht in gleicher Richtung ein großzügiges rechtwinkliges Straßenraster. Auch ein Marktplatz wird angelegt mit je einer Kirche für Deutsche und Franzosen. Trotz der Bevölkerungszunahme dauert die Besiedlung der neuen Straßengevierte durch Bürger Jahrzehnte und kostet viele königliche Zuschüsse. Wer wenig Geld hat, versucht lieber vor den Stadtmauern zu siedeln, das kostet kein Bürgergeld und ist auch sonst bedeutend billiger.
1691 1691 wird jeder weitere Ausbau von Vorstädten untersagt, ohne dass dieses Verbot viel bewirkt.

Das schnelle Wachstum Berlins überfordert die traditionelle Fürsorge für Arbeitslose, Kranke und Waisen durch Innungen und Kirchengemeinden. Es gibt immer mehr Armut und Kriminalität in der Stadt. 1697 beginnt man mit dem Bau des Friedrichshospitals in der Stralauer Straße: Arme, Kranke, Waisen und Irre sollen dort Aufnahme finden. 1687 hatte man bereits in Spandau das einstige Stadtpalais des Festungsbaumeisters Graf Lynar zum Zuchthaus umgebaut.

Die ersten Manufakturen entstehen. In diesen Fabriken ohne Maschinen werden Luxusgüter hergestellt und Ausrüstungsgegenstände für das Heer. Während viele Betriebe sich nur ein paar Jahre halten, floriert etwa die »Gold- und Silbermanufaktur« Jahrzehnte; sie fertigt mit Edelmetallfäden besetzte Tressen für die Uniformen und Anzüge von Militär und Hofgesellschaft.

Luxuswaren beginnen eine Rolle zu spielen. Der Sohn des Großen Kurfürsten blickt wie die übrigen europäischen Herrscher nach Paris auf die prachtvolle Hofhaltung Ludwigs XIV. Den Staatsfinanzen tut das nicht gut, aber das Niveau des Berliner Gewerbes wird gewaltig gehoben. Dafür sorgen besonders die Franzosen, die die Beschaffung und auch die Herstellung von Samt, Seide, edlen Tuchen und feinem Leder übernehmen. Sie entwerfen elegante Möbel und Seidentapeten, verstehen sich auf Einlegearbeiten und anderes.

1694 wird die Akademie der Künste gegründet. In den 1694
Räumen über dem Marstall studieren zunächst junge Männer von Adel, bald jedoch auch angehende Militäringenieure sowie Kunsthandwerker, die lernen, perspektivisch zu zeichnen und Entwürfe zu fertigen. Für Berlins Gewerbe ist die Akademie damit von Nutzen. Der Ruf der Anstalt zieht sogar Studierende aus dem Ausland an.

Auch das Bauhandwerk profitiert von dem gewachsenen Bedürfnis nach Repräsentation. 1695 entsteht ein Magazin-Gebäude für Waffen und Ausrüstung des Heeres, das »Zeughaus«. Das Schloss, nach dem Dreißigjährigen Krieg notdürftig repariert, wird jetzt prachtvoll erweitert und ausgebaut. Und Berlins Hauswirte müssen ab sofort die Straße vor dem Haus bis zur Mitte pflastern, die Haltung von Schweinen wird eingeschränkt, die Beleuchtung verbessert.

Eine große Rolle für die Entfaltung der Residenz spielt die Gemahlin des Kurfürsten, Sophie Charlotte aus dem Haus Hannover. Fünf Kilometer spreeabwärts bei dem Dorf Lietzow, am Fuße des Spandauer Berges, entsteht ein Sommerschloss für sie, gegenüber dem Lustschloss wird eine barocke Stadt angelegt. Auch die 1704 gegründete Sozietät der Wissenschaften verdankt ihre

Entstehung Sophie Charlotte, die eine weit überdurchschnittlich gebildete Frau ist. Sie beruft den in ihrer Heimatstadt Hannover lebenden Mathematiker und Universalgelehrten Gottfried Wilhelm Leibniz nach Berlin. Er entwirft nicht nur den Plan für die Sozietät und wird an ihre Spitze berufen, von ihm stammt auch die Idee, wie diese Einrichtung zu finanzieren sei: Der König gewährt ein Privileg auf den Druck von Kalendern und der Kalenderverkauf trägt die Gelehrtengesellschaft.

Die größte historische Leistung des Sohnes der Großen Kurfürsten besteht jedoch in einer Standes-
1700 erhöhung seines Hauses. Im Winter 1700 bricht von Berlin eine gewaltige Karawane auf. Der gesamte Hofstaat begibt sich auf die über 600 Kilometer weite Reise nach Königsberg in Preußen. Am 10. Januar 1701 setzt sich Friedrich im Thronsaal des dortigen Schlosses eine Königskrone auf den Kopf und krönt anschließend Sophie Charlotte. Um sich in jenem entlegenen Land – das seit knapp 100 Jahren brandenburgisch ist – zum König krönen zu können, waren jahrelange diploma-

Schloss Charlottenburg

tische Verhandlungen nötig gewesen. Anfangs waren die Hohenzollern in Preußen nur Lehnsleute des polnischen Königs gewesen. In der Folge der Nordischen Kriege aber hatte Friedrich diese Abhängigkeit abschütteln können. Jetzt ist aus Friedrich III., Kurfürst von Brandenburg, Friedrich I., König in Preußen, Kurfürst von Brandenburg geworden. Das Schloss auf dem Cöllner Werder aber ist von nun an königliche Residenz.

Sechs Millionen verschlingen die Feierlichkeiten. Die Berliner bekommen dafür ein Spektakel zu sehen: Mit 63 sechsspännigen Kutschen hält der König Einzug. Schloss, Zeughaus und Wohnhäuser werden illuminiert, Pracht-Feuerwerke abgebrannt, »Schattenfeuer« projizieren Sinnbilder auf Wände, aus einem Brunnen fließt Wein, die französische Gemeinde schenkt an Tischen Getränke an jedermann aus, »dessen sich die gemeinen Leute nun wohl zu bedienen wussten und viele sich ziemlich bezechten«.

Zeughaus, heute Deutsches Historisches Museum

Friedrich ordnet die Verhältnisse seiner Residenz neu.
1709 1709 werden die fünf einzelnen Städte, Berlin, Cölln, Friedrichswerder, Dorotheen- und Friedrichsstadt vereinigt. Die Stadtteile zuvor waren nur deshalb eigenständig gegründet worden, damit man sie mit Privilegien ausstatten konnte, die es für Besitzende attraktiv machten, sich dort anzusiedeln. Nun hält der König den Ausbau der Residenz für abgeschlossen. Der Name der Gesamtstadt lautet selbstverständlich »Berlin«. Die Residenz erhält eine neue Verfassung, mit deren Hilfe der König nach Belieben in städtischen Belangen entscheiden kann.

Berlin wächst nicht bloß, es ändert während der Regierungsjahre Friedrichs auch das Gesicht und wird zu einer wirklichen Residenz. Die Refugiés aus Frankreich machen inzwischen ein Sechstel der Bevölkerung aus. 117 jüdische Familien leben in der Stadt. 24 Ärzte und 22 Wundärzte oder Chirurgen stehen hauptsächlich der Oberschicht zur Verfügung. Auf 1100 Berliner kommt damit ein medizinischer Fachmann. Der größte Betrieb der Stadt, die Gold- und Silbermanufaktur, beschäftigt 200 Personen. 1704 zählt man 15 Gasthäuser. Nach dem Postbericht von 1710 erreichen 17 verschiedene Postkurse die Residenz aus allen Himmelsrichtungen. Die meisten davon bieten Mitfahrgelegenheit (in offenen Wagen!). Relativ bequem reist man mit der »Hamburgischen Postkutsche«, die Sonntagvormittag und Donnerstagnachmittag die Stadt verlässt. Seit 1688 gibt es auch bereits ein innerstädtisches Verkehrsmittel: Wer sich auf den kotigen Straßen nicht beschmutzen will, kann eine Sänfte mieten.

Der König ist verschuldet. In den letzten Regierungsjahren führt das zu einer Art Staatsstillstand. 1710 versiegt auch der Strom der Zuwanderer. Nur noch Wunder können helfen. Man lässt sich von einem italienischen Trickbetrüger hereinlegen, der vorgibt, Kupfer in Gold verwandeln zu können (und henkt ihn dann rachsüchtig in einem Kleid aus Goldpapier). Auch sonst ist man bei Hofe durchaus fantasievoll und erfindet originelle Abgaben. Da zum Beispiel nach der Mode der Zeit jeder

Mann, der auf sich hält, eine Perücke trägt, liegt es nahe, eben diese Kunsthaare zu besteuern. Ein Rat zahlt 4 Taler im Jahr, ein Handwerker 10 Groschen. Die Staatsschulden verringern sich nicht.

Die Berliner spotten bitter: Eine der handschriftlich umlaufenden Zeitungen berichtet, dass beim Tod des Königs 1713 ein Spottzettel am Schlossportal aufgetaucht sei (vorsichtshalber aus ausgeschnittenen Buchstaben zusammengeklebt): »Dieses Schloss ist zu vermieten und diese Residenz ist zu verkaufen.«

GESCHICHTS-SPUREN

Das **Zeughaus** (Unter den Linden 2) gilt nach dem – abgerissenen – Schloss als bedeutendstes Gebäude der Barockzeit in Berlin. Der Entwurf stammt wahrscheinlich von François Blondel, ausgeführt hat ihn Johann Arnold Nehring. 1698/99 übernimmt Andreas Schlüter die Leitung, der bereits seit 1696 als Bildhauer beteiligt ist. Er überlädt den oberen Gebäudeabschluss, die Attika, mit plastischem Schmuck, so dass der Bau einstürzt. Jean de Bodt wird beauftragt und stellt das Äußere des Zeughauses 1706 fertig. Obwohl nur kurze Zeit Bauleiter, gilt Andreas Schlüter als der eigentliche Schöpfer des Zeughauses. Am berühmtesten sind seine Masken sterbender Krieger.

Die **Parochialkirche** (Klosterstraße 66/67), der Entwurf stammt von Johann Arnold Nehring. Der Zentralbau folgt holländischen Vorbildern, das säulengeschmückte Portal steht im Winkel zur Straße. 1703 wird die Kirche geweiht. Zehn Jahre später zeichnet Jean de Bodt Pläne für einen höheren Turm, die Philipp Gerlach ausführt.

Die einstigen Kirchen auf dem Gendarmenmarkt sind noch erkennbar, wenn man sich die prachtvollen Turmbauten aus den späten Jahren Friedrichs des Großen wegdenkt: Beide Kirchen wurde 1701 begonnen, im Jahr nach der Königskrönung. Die Pläne zur **Deutschen Kirche** stammen von Martin Grünberg, ausgeführt hat sie Giovanni Simonetti. Wie die Parochialkirche ist auch sie ein Zentralbau. Die **Französische Kirche** wurde von Louis Cayard entworfen und 1705 durch Abraham Quesnays fertiggestellt; es gab ein Vorbild in der Heimat der Vertriebenen, die 1624 gebaute

und 1688 zerstörte reformierte Kirche in Charenton.
Die krankhaft fromme, später geistig umnachtete dritte Gemahlin Friedrichs I., Sophie Luise, hat 1712 einen Kirchenbau für die Hamburger Vorstadt gestiftet, die **Sophienkirche** (Große Hamburger Straße 29–31). Auch diese Kirche, die zu Beginn des 20. Jahrhunderts mit neobarocken Zutaten, Mietshaus- und Torbauten zu einem Ensemble zusammengefasst wurde, war ursprünglich ein einfacher rechteckiger Saalbau.
Wenig hat sich von den Häusern Berlins erhalten. Die Stadt war inzwischen in ihren reicheren innerstädtischen Straßenzügen von dreistöckigen Gebäuden geprägt: In der Brüderstraße 10 steht das **Hackesche Haus** (um 1688), typisch für die vornehmen Bürgerhäuser der Zeit um 1700. In der Waisenstraße 14–16 entlang der Reste der mittelalterlichen Stadtmauser stehen noch vier Wohnhäuser aus der gleichen Zeit.
Auch zwei **Adelspalais** aus der Zeit Friedrichs III. (I.) haben sich im Äußeren erhalten: in der Klosterstraße 68–70 das dreigeschossige Haus des Staatsministers von Podewils. Jean de Bodt war auch hier als Baumeister tätig. Am Molkenmarkt 1–3 steht – seit 1935 einbezogen in die Berliner Münze – das etwas kleinere, ebenfalls zweigeschossige **Palais Schwerin,** das um 1704 aus einem älteren Bau wohl ebenfalls von Jean de Bodt gestaltet worden ist.
Außerhalb des damaligen Berlin:
Schloss Charlottenburg (Luisenplatz) trägt diesen Namen erst seit dem Todesjahr seiner Gründerin 1705. Als man 1694 daran ging, Busch und Wald zu roden, um Baufreiheit für Schloss und Park zu schaffen, hieß das kleine Dorf nahebei noch Lützow, und das neue Schloss erhielt den Namen »Lützenburg«. 1699, am 11. November, dem Geburtstag des Kurfürsten, wurde es mit einem Feuerwerk eingeweiht. Was damals fertiggestellt war, ist heute noch zu erkennen: Vor dem Schloss stehend, muss man sich den Turm und die Seitenflügel wegdenken.
Die Entwürfe stammen von Johann Arnold Nehring.
Nach der Königskrönung wird auch das Schloss der Königin vergrößert. Baumeister ist Johann Friedrich Eosander: Der ursprüngliche Bau wird verbreitert, mit einem Turm und

vor allem mit den beiden Seitenflügeln versehen. Als 1711 die goldene Fortuna von Andreas Heidt (kriegszerstört, Nachschöpfung Richard Scheibes) auf der Turmkuppel montiert wird, ist die Schlossherrin bereits seit sechs Jahren tot.
Im Schlosshof steht heute das monumentale, 5,60 Meter hohe, bronzene **Reiterstandbild des Großen Kurfürsten**. Andreas Schlüter begann mit der Arbeit 1696, der Guss erfolgte 1700 in einem Stück. 1703 wurde es auf der Langen Brücke (heute Rathausbrücke) in Berlin aufgestellt. 1708/09 wurden die Sklavengestalten, die auf Entwürfe Schlüters zurückgehen, hinzugefügt. Das Reiterstandbild gilt als eines der großen plastischen Werke des Barock, vergleichbar mit Werken in Oberitalien und Paris. 1951 wurde das im Krieg in Sicherheit gebrachte Werk – 1947 bis 1949 lag es auf dem Grund des Tegeler Sees – am heutigen Ort aufgestellt.
Die gegenüber Schloss Charlottenburg beginnende Schlossstraße wurde der Kern einer neuen Stadt mit rasterförmigem Grundriss. Aus der barocken Bauzeit allerdings hat sich kein Gebäude erhalten.
Schloss Niederschönhausen (Ossietzkystraße). Die Familie von Dohna hatte sich an der Panke zu Zeiten des Großen Kurfürsten einen Landsitz angelegt, ein zweigeschossiges Herrenhaus mit kurzen Flügeln. Drei Jahre nach Regierungsantritt erwarb Friedrich III. diesen Besitz und ließ den Bau bald darauf von seinem Architekten Johann Arnold Nehring mit einer barocken Fassade zur Straße hin versehen.
Auch Niederschönhausen wurde nach der Königskrönung stark verändert, Architekt ist hier ebenfalls Johann Friedrich Eosander. Es entsteht eine dreiflügelige Anlage. Auch die Parkseite erhält jetzt eine Fassade. Unter einem Bogengiebel ist hier nun die Königskrone zu sehen.
Ein weiteres Berliner Schloss der Schlüterzeit hat sich erhalten: Der Sommersitz des »Brandenburgischen Admirals« Benjamin Raulé, **Schloss Friedrichsfelde**, heute inmitten des Tierparks Friedrichsfelde gelegen und vermutlich Ende des 17. Jhs. ebenfalls von Johann Arnold Nehring entworfen. Allerdings wurde der Bau bereits 1719 und dann noch einmal 1786 stark verändert.

BERLIN UNTER DEM SOLDATENKÖNIG

1713 Friedrich Wilhelm I. entlässt, als er 1713 den Thron besteigt, sofort fast den gesamten Hofstaat und verdoppelt dafür das Heer nahezu. Bald wird er allenthalben »Soldatenkönig« genannt. »Wenn man von dem Berliner Hof redet, so versteht man darunter schier nur die Kriegsleute: diese allein machen eigentlich den königlichen Hof aus«, heißt es in einem zeitgenössischen Brief.

Die Wirkung ist umfassend und betrifft sofort ganz Berlin: Luxusgewerbe und Kunsthandwerke, aber auch die Wissenschaften kommen praktisch zum Erliegen. In den drei Jahrzehnten bis zum Regierungsantritt des literaturliebenden Friedrichs II. wird für die königliche Bibliothek kaum ein Buch mehr angeschafft. Die Akademie der Wissenschaften entgeht nur deshalb der Auflösung, weil sie auch das »Theatrum Anatomicum« betreibt, den Seziersaal und der König an der Ausbildung von Militär-Chirurgen interessiert ist.

Vor allem aber wird das öffentliche Leben während der ersten Regierungsjahre mit dem rigiden Militärprogramm auf unvorstellbare Weise brutalisiert. Die Werber für die Armee fangen junge Männer von der Straße weg, sie dringen sogar in Häuser der Handwerker ein, um die Gesellen mit Gewalt zum Kriegsdienst zu pressen. Nicht einmal Gymnasiasten sind vor dem Zugriff gefeit, die Zöglinge des Joachimsthalschen Gymnasiums bewaffnen sich mit Stangen und errichten Barrikaden gegen die Werberkolonnen.

Wer sich den Greifkommandos widersetzt, wird schwer misshandelt, wie jener französische Bäcker, dem im eigenen Haus von den Werbern die Hand abgeschlagen wird, als er seinen Gesellen schützen will. Es gibt sogar Tote. Mindestens 2 000 Gesellen flüchten über die Grenzen. Zwar werden Werber, die sich Exzesse zuschulden kommen lassen, durchaus vor das Kriegsgericht gestellt, eine Bestrafung unterbleibt dann aber trotzdem häufig, wie auch im Fall jenes Bäckermeisters. Der Soldatendienst ist extrem gefürchtet, weil mit grausamen Körperstrafen verbunden und in der Regel nicht terminiert:

Einmal eingeschrieben, bleibt man Soldat bis zu Invalidität oder Tod.

20 Millionen Taler an Schulden hat Friedrich I. hinterlassen. Dem Sohn gelingt es, diesen Berg abzutragen. Er reformiert das Steuerwesen und schafft 1723 eine oberste Finanzbehörde, die »Königliche Kriegs- und Domänenkammer«.

Auch die Justiz wird reformiert. Der König zieht alle Anklagen wegen Hexerei an sich und bringt dadurch diese Prozesse zum Erliegen. Eine neue Kriminalordnung von 1717 andererseits greift auf grausamste Torturen zurück: Kindsmörderinnen werden nun wieder »gesackt«, in einem Sack in die Spree geworfen. Diebe sollen am Tatort gehenkt werden. Für den Bestohlenen keine angenehme Sache: Das Haus des Ministers Happe in der Brüderstraße, dessen diebischer – in Wirklichkeit unschuldiger – Lakai dort 1737 gerichtet wird, heißt seitdem unabwaschbar im Volksmund »das Galgenhaus«.

Die Einbußen durch Friedrich Wilhelms Umsteuern bei seinem Regierungsantritt 1713 treffen das Berliner Gewerbe ins Herz. Der König beschwört eine Wirtschaftskrise herauf. Die Bevölkerung verringert sich rapide. 1714 ergibt eine Zählung, dass 17 000 Einwohner die Stadt verlassen haben. Französische Familien, gerade erst in die brandenburg-preußische Hauptstadt geflüchtet, fliehen weiter, Richtung England und Holland. In der Folge gehen auch die Steuereinnahmen zurück.

Dennoch: Auch der neue König schätzt und fördert durchaus die Manufakturen. Nur stehen jetzt nicht mehr Verfeinerung und Luxus im Mittelpunkt, sondern die Bedürfnisse des Heeres: So wird etwa 1722 in Spandau **1722**
»auf dem Plan« nahe der Zitadelle von den bis dahin als Textilunternehmer hervorgetretenen David Splittgerber und Gottfried Adolph Daum eine Gewehrfabrik gegründet. Die Fachleute wirbt man aus Flandern an.

1714 entsteht das »Lagerhaus«, das Tuche für Uniformen auf vielen Hundert, bald Tausenden von Webstühlen herstellen lässt. Um diese und ähnliche Fabrikationen zu stützen und mit billigen Rohstoffen zu versorgen, wird 1719 jede Ausfuhr von Wolle einfach

Turm der Sophienkirche

verboten. Die gesamte Armee kann mit preußischem Tuch – meist aus Berlin – versorgt werden. Seit 1720 darf niemand mehr ausländische Tuche tragen, selbst wenn er sich das leisten könnte, wie der Adel oder die höhere Beamtenschaft.

Bald ist die Berliner Industrie so leistungskräftig, dass sie in großem Maßstab exportieren kann: In den acht
Jahren zwischen 1725 und 1733 liefert die von Splitt- 1725
gerber und Daum gegründete »Russische Handelskompanie« für anderthalb Millionen Taler Uniformtuch an die russische Armee.

1735 besteht nahezu ein Viertel der Berliner Bevölkerung aus Textilarbeiterinnen und -arbeitern. Damit ist die brandenburgisch-preußische Hauptstadt unter den deutschen Residenzen etwas Einmaliges: Königsstadt und zugleich bedeutender Manufakturort. Berlin ist nicht nur eine Stadt der Soldaten, sondern auch eine der Weber: 2 461 Webstühle arbeiten am Ende der Regierungszeit Friedrich Wilhelms I. in Berlin, dazu kommen rund 700 Strumpfwirkerstühle. Das Klappern der hölzernen Kämme dringt aus den Häusern und wird neben Marschtritt und Exerziergeschrei zum typischen Berliner Geräusch der Zeit.

1704 waren auf königliches Geheiß in Berlin die ersten Kaffeehäuser entstanden, die allerdings nicht lange existierten. Gleichwohl hält der Kaffee jetzt Einzug in den Berliner Alltag: »Von dem Vornehmsten bis zum Bettler trinkt alles wenigstens einmal des Tages Kaffee«, berichtet später der Arzt Ludwig Formey. »Wenn sich der gemeine Mann im Winter etwas zugute tun will, so macht er sich eine recht heiße Stube und trinkt einen erbärmlichen mit Syrop gesüßten Kaffee«. Wer es sich leisten kann, nimmt Zucker. Berlin verbraucht vier Mal so viel davon wie Wien.

Mit rigiden Methoden treibt Friedrich Wilhelm den Neubau von Häusern voran. 1733 entstehen allein 152 Häuser, in den Jahren zuvor waren es jeweils 80. Teile der Friedrichstadt liegen immer noch brach: parzelliert, die Straßen abgesteckt, aber ohne Häuser. Auch in anderen Gegenden gibt es viele Bauplätze; 1734 wird die Dorotheenstadt noch einmal erweitert, bis an das Brandenburger Tor heran. Der König bietet Bauwilligen Grundstücke umsonst oder sehr billig, dazu mitunter auch Steine, Balken, Kalk. Wo das nicht hilft allerdings, befiehlt er das Bauen kurzerhand, vor allem Leuten, von denen er weiß oder auch nur mutmaßt, sie könnten das verkraften: »Der Kerl hat Geld, der Kerl kann bauen!« Manche wohlhabende Familie gerät auf diese Weise in Schwierigkeiten. Zwar ist die Wohnungsnot groß, aber Weber verdienen wenig, die Mieten decken nicht die Kosten.

1734 beginnt man die Wälle abzutragen. Die Kriegstechnik hat sich in den vergangenen 50 Jahren weiter entwickelt. An die Stelle der Bastionen tritt eine Mauer, von der Spree am Tiergarten bis zum Schlesischen Tor. Sie dient dazu, die Verbrauchssteuern auf eingehende Waren sicherer eintreiben zu können.

Am Rand der Stadt entstehen drei Plätze, benannt nach der jeweiligen Form: Karree, Achteck, Rondell (heute Pariser-, Leipziger- und Mehringplatz). Gleich zu Beginn der Regierung hatte Friedrich Wilhelm den Zaun um den Tiergarten beseitigen lassen: Jeder kann nun hier spazieren gehen. Die Stadt beginnt sich an den Rändern zu schmücken.

1723 wird auch die Verwaltung Berlins der Kriegs- und Domänenkammer unterstellt. Endgültig ist sie damit eine Angelegenheit des Staates geworden. Es entsteht ein System des Katastrophenschutzes, der Gesundheit, der Hygiene und der Sicherheit. 1717 bereits war eine Brandkasse gegründet worden, die Feuersozietät. 1726 wird vor dem Spandauer Tor die »Charité« eingerichtet, zugleich Krankenhaus und Ausbildungsstätte für Ärzte.

30 Nachtwächter machen die Runde. Seit 1735 sorgt ein Gassenregelement auch für Sauberkeit. 28 Pferdekarren fahren den Schmutz ab, wer weiter den Nachttopf morgens auf die Straße kippt, wird mit Strafe bedroht.
1738 Und seit 1738 regelt eine Ordnung des Magistrats auch das Volksschulwesen, im Jahr darauf wird die Armenfürsorge neu gestaltet.

In den 30er Jahren darf in Berlin endlich wieder Theater gespielt werden. Diesen Durchbruch beim kunstfeindlichen König schafft Johann Karl Eckberg, der als Kraftmensch Ketten zerreißt und mit seiner Truppe eben auch Komödien spielt, die Friedrich Wilhelm gefallen.

Zeitungen erschienen schon unter dem Großen Kurfürsten in Berlin. Seit 1727 sorgen vom König unterstützte »Intelligenzblätter« (= Informationsblätter) für die Verbreitung von Geschäftsnachrichten und Kleinanzeigen.

Eine der letzten Maßnahmen Friedrich Wilhelms im Frühjahr 1740 ist ein Geschenk an seine Residenzstadt: 15 Kutschen aus dem Marstall sollen von nun an als »Fiacres« an bestimmten Stellen der Stadt auf Kunden warten. Zu festen Preisen sollte man jeden gewünschten Zielpunkt erreichen können. Berlin fängt an eine ziemlich ausgedehnte Stadt zu sein.

Geschichtsspuren

Ein für Friedrich Wilhelm I. wichtiger Bau liegt außerhalb Berlins (als S-Bahn-Endpunkt gut zu erreichen): Es ist sein **Jagd- und Sommerschloss in Königs Wusterhausen**.

Friedrich Wilhelms große soziale Bauten für Berlin wie die Charité oder das Waisenhaus sind nicht erhalten. Dennoch hat er das Stadtbild durchgreifend verändert, indem er nach 1731 die Entfestung Berlins betrieb: Er verlängerte die Linden und schuf 1734 mit dem **»Quarrée«** am Brandenburger Tor den späteren Pariser Platz: Im Zuge der Erweiterung der Friedrichstadt entstanden damals auch mit dem **»Rondell«** vor dem Halleschen Tor, am Ende der Friedrichstraße, der spätere »Belle-Alliance-Platz« (heute Mehringplatz) und mit dem **»Oktogon«**, dem Achteck vor dem Potsdamer Tor, der heutige Leipziger Platz.

Auf dem Mittelstreifen der Stresemannstraße in Kreuzberg, deren Verlauf mit der einstigen **Akzisemauer** identisch ist, hat man in den 80er Jahren ein paar Meter dieser alten Zollgrenze zum Gedächtnis neu aufgebaut.

Als einziger Großbau in der südlichen Friedrichstadt aus der Zeit der Erweiterung durch den Soldatenkönig hat sich das **Kollegienhaus** erhalten (Lindenstraße 14, heute Teil des Jüdischen Museums), das in den Jahren 1733–35 durch Philipp Gerlach erbaut wurde. Im Dreieckgiebel sind die allegorischen Figuren der Gerechtigkeit und der Klugheit zu sehen.

Das Ensemble Taubenstraße 3, Ecke Glinkastraße 16, zwei **Häuser für Geistliche** der – verschwundenen – Dreifaltigkeitskirche von 1738/39, ist letzter Überrest der ursprünglichen Bebauung der Friedrichstadt.

Den äußeren Eindruck von der Bebauung der Linden zu jener Zeit bietet das **Gouverneurshaus** (Unter den Linden 11). Der heutige Bau gehört zu den Anfang der 1960er Jahre durch Fritz Meinhardt errichteten Repliken ehemaliger Bebauung entlang der im Zweiten Weltkrieg zerstörten Straße und verwendet Fassadenteile des 1721 von Friedrich Wilhelm Dietrichs und Martin Heinrich Böhme errichteten Hauses.

Die Kirche in der Spandauer Vorstadt, nach der dritten Gemahlin seines Vaters **Sophienkirche** genannt, wurde zur Zeit des Soldatenkönigs fertiggestellt. Ihr sehr hoher **Turm** von Johann Friedrich Grael mit dem säulengeschmückten Obergeschoss und der geschweiften Haube 1729 bis 1735 errichtet, ist das bedeutendste Berliner Baudenkmal aus dieser Zeit und der letzte erhaltene der acht barocken Türme; es bestimmt die Stadtsilhouette mit.

Schloss Köpenick bot den Schauplatz für eine der bizarrsten Episoden im Leben des Soldatenkönigs. Am 28. Oktober 1730 tagte im – erhaltenen – Wappensaal (25 Pilaster mit Hermenköpfen tragen die Wappen der brandenburgischen Länder) jenes Kriegsgericht, das Friedrich Wilhelm I. einberufen hatte, damit es über seinen eigenen Sohn zu Gericht sitzen und möglichst die Todesstrafe verhängen sollte. Der spätere Friedrich II. (der Große) hatte als 18jähriger versucht, dem Regiment des strengen Vaters nach England zu entkommen. Die Richter traten zwar befehlsgemäß zusammen, weigerten sich jedoch das Urteil zu sprechen. Europas Höfe, entsetzt über die barbarische Absicht, intervenierten auf diplomatischem Wege. Zähneknirschend gab der König nach.

FRIEDRICH DER GROSSE 1740–1786

Berlin hat bei Regierungsantritt Friedrichs II. 80 000 Einwohner und wächst weiter. Am Ende seiner Regierungszeit wird es unter Europas Großstädten den neunten Platz einnehmen und im Wachstumstempo nur noch von St. Petersburg übertroffen werden.

Wohnraum wird immer knapper. In seiner berühmten Beschreibung der preußischen Residenz rechnet der Schriftsteller und Verleger Friedrich Nicolai vor, dass die 1740
Häuser in Berlin dichter belegt seien als in Paris oder Amsterdam, bloß in Dresden und Wien wohne man noch enger aufeinander.

Auf vielen Gebieten ändert Friedrichs Politik die Verhältnisse in Berlin sofort und radikal. Die Akademie der Wissenschaften wird neu gegründet. Ihre Sprache ist nicht mehr das altertümliche Latein, sondern das Französisch des gebildeten Europa. Als Präsidenten holt der junge König den Pariser Mathematiker Pierre Maupertuis nach Berlin. Der von Friedrichs Vater verstoßene Aufklärungs-Philosoph Wolff darf wieder an der Landesuniversität Halle lehren.

Nahe dem Schloss, am Anfang der »Linden«, entwirft Friedrichs Architekt Knobelsdorff einen Prachtplatz, der als »Forum Fridericianum« Bauten versammelt, die eine Art gebautes Regierungsprogramm darstellen. Als erstes entsteht die Oper, 1748 wird der Bau des neuen Königsschlosses begonnen (es dient dann dem Bruder des Königs, dem Prinzen Heinrich) und vier Jahrzehnte später wird die Königliche Bibliothek den Abschluss bilden.

Auch eine Kirche entsteht am Platz: Die katholische St. Hedwigskirche. Ursprünglich eher als Zeichen allgemeiner Religionstoleranz gedacht (noch 1733 hatten in Berlin genau 39 Katholiken gelebt, nur acht besaßen das Bürgerrecht), dient der 1743 begonnene Bau nach der Eroberung Schlesiens dazu, den katholischen Adel der neuen Provinz zu gewinnen.

Die Oper eröffnet bereits am 7. Dezember 1742 mit »Caesar und Cleopatra«. Von nun an wird im Winter drei

Gendarmenmarkt mit Französischem (vorn) und Deutschem Dom (hinten)

Mal wöchentlich gespielt, der Eintritt ist frei. Auch Theatertruppen kommen nach Berlin. Mit den »Berlinischen Nachrichten« erhält die Residenz noch im Jahr des Regierungsantritts eine moderne Zeitung.

In den 46 Jahren der Regierung Friedrichs II. durchlebt Berlin zwei Kriegs- und zwei Friedensperioden. Gleich 1740 erobert der König Schlesien. Zwar wird Berlin noch nicht Kriegsschauplatz, aber nicht weit weg, an der Oder wird gekämpft, und in der großen Garnisonsstadt Berlin sind die einwohnenden Offiziere und Soldaten, die Beamten und Handwerker vom ersten bis zum letzten Tag mit den Kriegsvorbereitungen beschäftigt.

1745 1745 beendet der Frieden von Dresden die Auseinandersetzungen.

Ein Jahrzehnt des Friedens folgt. Der König lässt sich auf einem Potsdamer Weinberg die Sommerresidenz Sanssouci bauen und widmet sich dem wirtschaftlichen und militärischen Ausbau des Landes.

Dabei setzt er die Manufaktur-Politik des Vaters fort. Berlin bleibt Textilstadt. Aber es liefert jetzt mehr und neue Produkte. Rohbaumwolle wird aus Südeuropa importiert und in der Stadt verarbeitet. Dazu muss sie zunächst einmal zu Garn gesponnen werden. Wieder einmal holt man Fachkräfte von außerhalb, meist aus Sachsen. Friedrich gründet in schwach besiedelten Gegenden der Umgebung Spinn-Dörfer, zum Beispiel Friedrichshagen am Müggelsee. Viel Geld gibt der König dafür aus, auch Seide im eigenen Land zu erzeugen. Allerdings bleibt der Anbau der für die Seidenraupenzucht notwendigen Maulbeerbäume im rauen Brandenburger Klima immer eine schwierige, von Fehlversuchen und Missernten begleitete Sache.

Die Umgebung Berlins soll intensiver wirtschaftlich genutzt werden. Bei Köpenick entstehen die Siedlungen Müggelheim, Grünau und Grünerlinde, im Wald hinter Tegel die Kolonie Schulzendorf, im Süden Adlershof, Steinstücken und Kohlhasenbrück. Bauhandwerker werden in Moabit, Gärtner zur Gemüseversorgung Berlins am Gesundbrunnen, bei Boxhagen und in Treptow angesiedelt. Rund um die preußische Hauptstadt entsteht allmählich ein Gewerbegebiet, das auf die Bedürfnisse der Hauptstadt ausgerichtet ist.

Der seit einem Jahrhundert verfallene Finowkanal wird ausgebaut. 1746 gelangen Berliner Schiffe erstmals in wenigen Tagen ans Oderhaff. Da Stettin seit 1720 preußisch ist, wird es nun allmählich zu Berlins Exporthafen.

1747 wird die Verwaltung der Stadt erneut reformiert. **1747**
Sie soll effektiver werden. Friedrich lässt den Magistrat wieder selbst über die Wahl neuer Mitglieder entscheiden. Unter einem Stadtpräsidenten arbeiten drei bis vier Bürgermeister, zwei Syndici, der Ökonomiedirektor für Bauangelegenheiten, der Kämmerer und 12 Ratsherren.

Die Garnisonsverhältnisse werden erträglicher. Die Hauptstädter sind jetzt von der Aushebung befreit, kein Meister braucht mehr um seine Gesellen zu fürchten. Erste Kasernen lindern nach und nach die Einquartierungslasten.

Berlin zieht immer mehr Menschen an. Geringer geworden ist nur die Zuwanderung aus der näheren Umgebung: Die Gutsherren lassen ihre leibeigenen Arbeitskräfte nicht gehen und die Polizei expediert alle, die es auf der Flucht vor den Zwangsdiensten aus ihrem Dorf bis in die Residenz geschafft haben, wieder zurück.

Allmählich beginnen sich die Refugiés zu assimilieren. Franzosen der zweiten und dritten Einwanderer-Generation sprechen in der Regel Deutsch und Französisch gleich gut. 1755 hat Berlin 126 000 Einwohner.

1756 Auf Frieden folgt 1756 wieder Krieg. Dieser wird sieben Jahre dauern, alle europäischen Mächte sind darin verwickelt und Preußen entgeht nur knapp dem Untergang. Zweimal besetzen fremde Truppen Berlin.

Am 16. Oktober 1757, einem Sonntag, steht der ungarische Husarengeneral Hadick nach einem schnellen Vorstoß aus der Niederlausitz mit 3 400 Reitern vor den Toren. Dieses Husarenstück lässt er sich von Berlin mit 200 000 Talern vergüten (plus Geschenke im Wert von 15 000 Talern) und zieht tags darauf wieder ab. Der Hof war beim Herannahen des Feindes hinter die Mauern der Spandauer Zitadelle geflohen, die Berliner machen sich lustig darüber.

Drei Jahre später wird es ernster. 1760 rücken – wieder von Südosten her – russische Truppen unter den Generalen Tottleben und Tschernyschew und Österreicher unter Graf Lacy auf die preußische Hauptstadt vor. Bei einem Verteidigungsgefecht brennt das Dorf Schöneberg ab. 44 000 Angreifern stehen nur 16 000 Preußen gegenüber. Die Stadt ist keine Festung mehr und nicht zu verteidigen. In der Nacht ziehen sich die preußischen Feldregimenter zurück. Der Kaufmann Gotzkowsky, aus dem Russlandhandel mit der Mentalität der Sieger vertraut, handelt für Berlin die ursprünglichen Forderung von 4 Millionen Talern auf anderthalb Millionen herunter. Dafür verläuft die Besetzung ohne Übergriffe. Der Freikauf gilt freilich nur für die Stadt selbst. Die Schlösser Charlottenburg, Niederschönhausen und Friedrichsfelde werden geplündert. Nach 10 Tagen ziehen die Feinde eilends ab, als das preußische Heer naht. Friedrich ersetzt den Kaufleuten, die die erpressten Gelder erlegt hatten, den Schaden.

Der Krieg erfordert riesige Summen. Seit 1758 lässt der König Geld mit vermindertem Goldgehalt ausprägen. Viele Berliner verarmen. Wer am Krieg verdient, wird sehr reich. Friedrich Damm zum Beispiel, ursprünglich einfacher Sattlermeister, der Lederzeug für die Armee herstellt, oder Johann Gottlieb Stein als Getreidelieferant. »Dieser Krieg«, schreibt der Hofmann Graf Lehndorf im fünften Kriegsjahr 1761, »wirft alle bisherigen Verhält- 1761
nisse über den Haufen. Handwerker und Kaufleute werden reich, während der Adel zugrunde geht.« Kaufleute, schreibt er weiter, führen jetzt sechsspännig, während der Adel seine Palais an die Neureichen verkaufen müsse.

Die Bevölkerung hungert: Tagelang kann in der ganzen Stadt kein Brot gebacken werden, wegen des hohen Getreidepreises. Ein Drittel der Berliner, rund 30 000 Menschen, leben 1761 von Almosen. Viele sterben. Arm sind vor allem allein stehende Frauen in den Vorstädten,

St. Hedwigs Kathedrale

wo sie ein knappes Drittel der Bevölkerung ausmachen. Große Scharen von Bettlern, unter ihnen viele Frauen, gehören zum Straßenbild.

Als 1763 wieder Friede ist, hat der Krieg auch das Berliner Gewerbe verändert. Es kommt zu einer Absatzkrise der Textilindustrie, die nicht nur viele Unternehmer in den Ruin treibt, sondern auch das Elend der Weber weiter verstärkt. Es gibt jetzt mehr Großbetriebe als vor dem Krieg: 1769 arbeiten über 800 Menschen in der Gold- und Silber-, 500 in der Porzellanmanufaktur. 700 weben bei Wegely und Lange Wollzeuge, in der Baumwollfabrik des Herrn du Titre stehen 150 Webstühle, bei den Gebrüdern Baudoin stellen 200 Arbeiter Seidengewebe her. Berlin hat jetzt 132 000 Einwohner.

Nach dem Krieg wird auch wieder gebaut. Denn noch immer bestehen große Areale innerhalb der Zollmauer aus Gartenland, Viehweiden und sogar Getreideäcker gibt es. Als Friedrich den französischen Gesandten Marquis de Valori einst fragt, ob Berlin nicht ebenso groß sei wie Paris, lautet die Antwort: »Gewiss, nur mit dem Unterschied, dass wir in Paris weder säen noch ernten«.

Immer noch ist die Stadt schmutzig. Reisende schütteln den Kopf über den Zustand der Straßen: Löcher, Staub, Misthaufen, Gossen, »selbst am königlichen Schloss sind Exkremente von Menschen und Tieren zu finden ... Hätte Berlin die trockenen zehrenden Ostwinde nicht, so würden alle Gassen in beständiger Gärung von Kot und Unrat sich befinden«, schreibt ein Zeitgenosse.

1765 1765 wird wieder einmal eine Gassenordnung erlassen, wer nun noch den Nachttopf auf die Gasse lehre (statt in die Spree), soll »öffentlich ausgestellet und gepeitschet werden«. Es hilft wenig.

Eine weitere Eigenheit der Stadt stellen die vielen Trödelbuden dar. Überall stehen diese Holzbauten »in der auffallendsten Bauart..., wo Säulenordnungen aller Art angebracht sind, so dass man eine Karikaturminiatur von Tempeln zu sehen glaubt«.

1769 wird der erste Briefkasten in Berlin aufgestellt. Man braucht nicht mehr persönlich auf der Post vorzusprechen. Die Zensur und die Überwachung hindert

das nicht. Der König hat die Hoteliers und Gastwirte als Spione ihrer Gäste verpflichtet. Der Verkehr von außerhalb hat zugenommen. In Berlin werden 1784 neun Gast- 1784
höfe erster, 13 zweiter Ordnung gezählt, dazu kommen 14 Ausspannungen.

Der Typus des Berliners beginnt sich auszuprägen: Eine Mischung aus den Eigenarten der Märker, Schlesier, Sachsen, Thüringer und Franzosen. Man spricht erstmals vom »Berliner Witz«. »Es gibt«, heißt es in einem zeitgenössischen Brief, »ungemein gescheute Leute unter Bürgern, Handwerkern, Soldaten, die scharf und richtig nachdenken und sich sehr treffend ausdrücken.« Vor allem fällt ein Skeptizismus auf, der die herrschenden Glaubensbekenntnisse relativiert, da er den jeweiligen Widerpart gleich nebenan sieht.

In »Klubs«, »Ressourcen«, »Gesellschaften« und »Tabagien« (Tabakläden mit Ausschank) kommen die Menschen jetzt zusammen: »Es wird gesprochen, geschwatzt, gegessen, wohl auch vorgelesen; man findet Zeitungen, Journale, Schachspiel, Billard, Karten usw.«, berichtet ein Reisender. »Man lernt ... nicht bloß die angesehenen Männer, sondern auch etwas ihre Verhältnisse kennen ... hört die wichtigsten Neuigkeiten, bemerkt den Geist der darüber gefällten Reflexionen und so weiter.«

Die Stadt beginnt zu einem Zentrum der Wissenschaften und der Literatur und der Kultur ganz allgemein zu werden. Dazu trägt neben der Akademie der Wissenschaften vor allem ein einzelner Mann bei, Friedrich Nicolai, als Buchhändler, Verleger und Schriftsteller. In den Jahren nach 1759 veröffentlicht er zusammen mit Lessing »Briefe die neueste Literatur betreffend« und von 1765 an bestimmt seine Zeitschrift »Allgemeine deutsche Bibliothek« 40 Jahrzehnte lang die literarische Kritik mit. Er ist mit Lessing und mit dem gelehrten Berliner Juden Moses Mendelssohn befreundet und die Autorität der Aufklärung in Norddeutschland.

In den letzten Regierungsjahren Friedrichs – er wird jetzt allenthalben von den Zeitgenossen mit dem Beinamen »der Große« versehen – erhalten die beiden bescheidenen Kirchen auf dem Gendarmenmarkt gewaltige, das Stadtbild prägende Turmbauten und am Forum Fridericianum entsteht die königliche Bibliothek. Unter den Linden werden ab 1770 einfache zweistöckige Bauten durch dreistöckige, aufwändigere ersetzt. Im übrigen wird allenthalben über das Regiment des »Alten Fritz« geklagt. Konservativ hält an den Vorlieben seiner Jugendzeit fest: Weiterhin werden nur französische Opern gespielt, Mozart wird genauso wenig aufgeführt wie deutsche Schauspiele, die Friedrich verachtet, ohne viel davon zu kennen.

GESCHICHTS-SPUREN

Friedrich II. wurde durch Schloss- und Hofbauten in der Sommerresidenz **Potsdam** berühmt: **Sanssouci**, die **Communs,** das **Neue Palais**. In Berlin ist er in späteren Lebensjahren selten gewesen. Dennoch prägt seine Bautätigkeit das Zentrum bis heute.
Die Arbeiten am Forum Fridericianum begannen 1741 mit dem **Opernhaus** (Deutsche Staatsoper, Unter den Linden 7), dem ersten Theater in Deutschland, das frei auf einem Platz stand. Nicht nur Singspiele sollten hier aufgeführt, sondern auch Feste gefeiert werden können. Dazu ließ sich der Bühnen- mit dem Zuschauerraum verbinden. Dass der Bau »Apoll und den Musen« (lateinisch; Apollo et Musis) gewidmet sein sollte, ist noch heute über dem Portal zu lesen, das sich mit seinem Säulenvorbau an englischen Vorbildern der Zeit orientierte. Die Plastiken im Außenbereich gehen jedoch nur noch zum Teil auf die Zeit Friedrichs II. zurück.
Der vorgesehene Bau der Akademie unterblieb, statt dessen begann man 1747 an der Südostseite des Platzes eine katholische Kirche zu errichten: die **St. Hedwigs Kathedrale** (Bebelplatz). In der Zwischenzeit hatte sich das Interesse des Königs von Berlin ab- und neuen Plänen in Potsdam zugewandt. Aus dem geplanten neuen Königsschloss wurde das Stadthaus für den Bruder des Herrschers, das **Prinz-Heinrich-Palais** (Unter den Linden 6). 1748 begannen die Arbeiten durch Johann Boumann nach Entwürfen Knobelsdorffs. Das einstige friderizianische Schloss ist noch immer gut erkennbar: Drei Flügel von

jeweils drei Stockwerken umschließen einen Ehrenhof, der von Schilderhäuschen bewacht wird, auf denen Putten den Morgen und den Abend darstellen; auch das Gitter stammt noch aus der Bauzeit. Der säulengeschmückte Portalvorbau wandelte die Formen von Schlüters Portalen am Stadtschloss ab, insgesamt steht das Prinz-Heinrich-Palais dem Potsdamer Stadtschloss nahe, das damals von Knobelsdorff umgebaut wurde.

Die Arbeiten am Forum Fridericianum fanden ihren Abschluss durch den Bau der **Königlichen Bibliothek** (Bebelplatz). Der König entschied sich dabei für einen Entwurf Josef Emanuel Fischer von Erlachs, den dieser für die Hofburg in Wien gefertigt hatte, also für den Sitz von Friedrichs erbittertster Feindin, der Kaiserin Maria Theresia von Österreich. Den Zeitgenossen galt diese Wahl als rückwärtsgewandt, die Berliner gaben dem Gebäude mit der geschwungenen Fassade den Namen »Kommode«, nach jenen in der Barockzeit in Mode gekommenen Möbeln.

Die Türme des Deutschen Doms und des **Französischen Doms** (Gendarmenmarkt). Durch Karl von Gontard 1780 bis 1785 jeweils östlich der deutschen wie der französischen Kirche errichtet. Der Bau für die Deutsche Kirche stürzte 1781 ein und wurde durch Georg Christian Unger in leichterer Form neu errichtet.

Von den **Kasernen** der friderizianischen Zeit hat sich in der Kaserne am Kupfergraben (Geschwister-Scholl-Str. 2–7 und Am Kupfergraben 1–2) der Kernbau von 1773 erhalten.

Auch vom städtischen Leben auf Berlins Straßen sind Bauzeugnisse erhalten in Gestalt der **Kolonnaden** Carl Gotthard Langhans'. Sie schmückten einst die Brücken, die über den ehemaligen Festungsgraben führten und boten Händlern und Passanten ein schützendes Dach und mit reichem plastischen Schmuck einen repräsentativen Rahmen für das Alltagsleben.

Die älteste ist die **Spittelkolonnade** (Leipziger Str.) aus dem Jahr 1777. Aus dem folgenden Jahr stammen die **Königskolonnaden,** die heute in der Schöneberger Potsdamer Straße den Eingang zum Kleistpark bilden. Ein Jahr nach dem Tod Friedrichs wurden die **Mohrenkolonnaden**

(Mohrenstraße) fertiggestellt, die als einziges der drei Bauwerke noch am ursprünglichen Ort stehen.
Von den Palais und Wohnhäusern der Zeit haben überdauert: das **Kronprinzenpalais** (Unter den Linden 3), 1773 durch Philipp Gerlach aus einem älteren Gebäude gestaltet, stark verändert das **Palais am Festungsgraben** (Am Festungsgraben 1) von Christian Friedrich Feldmann 1751–53, das **Ephraim Palais** (Poststr., Ecke Mühlendamm) 1762–66 für den Bankier Friedrich Veitel Heinrich Ephraim durch Friedrich Wilhelm Diterich gebaut (1935 aus Verkehrsgründen abgerissen, die Fassade eingelagert, 1985 bis auf wenige Meter am alten Standort wiedererrichtet). Am ungestörtesten in den ursprünglichen Bauformen ist wohl das **Magnushaus** (Am Kupfergraben 7), ein vornehmes Bürgerhaus, das von Georg Friedrich Boumann und Wenzeslaus von Knobelsdorff um 1753 errichtet wurde. Das **Ermelerhaus** (Märkisches Ufer 10), um 1770 vom Baumeister des Ephraimpalais gebaut, das mit ihm verbundene Haus Nr. 12 aus der Zeit von Friedrichs Regierungsantritt stand ursprünglich auf dem gegenüber liegenden Ufer. Daneben die Nummern 16 und 18 **(Otto-Nagel-Haus)** stammen aus den Jahren 1740 beziehungsweise 1780.

BERLIN UM 1800

Als Friedrich der Große im August 1786 stirbt, ist die Trauer der Berliner gering, auch wenn der Bericht des französischen Gesandten Graf Mirabeau, »Alle Welt wünschte das Ende herbei – alle Welt beglückwünschte sich«, sicher übertreibt.

Auf den kinderlosen Friedrich II. folgt sein Neffe, Friedrich Wilhelm II., von den Berlinern halb liebevoll, halb spöttisch »der dicke König« genannt. Wegen seines Hangs zum Okkultismus, vor allem aber wegen zahlloser Affären, darunter zwei »zur linken Hand« geschlossene »Ehen«, gilt er als schwarzes Schaf in der Reihe der Preußenkönige. Für die Modernisierung Berlins und für das Theater- und Musikleben hat er in den kurzen Jahren seiner Regentschaft einiges getan. Unter ihm erhält Carl Gotthard Langhans den Auftrag für ein großes Stadtportal am Ende der Linden. Das Brandenburger Tor wird später zum Wahrzeichen Berlins. Im Berliner Schloss gestaltet Langhans eindrucksvolle Innenräume, das Charlottenburger Schloss erhält ein Theater und eine Orangerie. Friedrich Wilhelm II. holt den damals bedeutendsten deutschen Gartenarchitekten, Johann August Eyserbeck, aus Wörlitz nach Berlin. Die Tierarzneischule
wird 1790 gegründet und statt der altmodischen fran- 1790
zösischen Opern werden jetzt moderne Stücke aufgeführt; der musikalische, selbst Cello spielende Herrscher unterbreitet immerhin Wolfgang Amadeus Mozart ein Angebot an die Spree zu kommen.

Fortschrittlich ist der Berliner Herrscher freilich nur in sehr eingeschränktem Maße, viele von seinem Vorgänger geschaffene Freiheiten nimmt er zurück, die Zensur wird teilweise drückend. Dennoch entwickelt sich Berlin während seiner Regentschaft und den folgenden Jahren zu einem wichtigen Literaturort. Die Dichter Friedrich und August Wilhelm von Schlegel, Wilhelm Heinrich Wackenroder, Achim von Arnim und Heinrich von Kleist begründen mit ihren Arbeiten die später so genannte »Berliner Frühromantik«.

1797 stirbt Friedrich Wilhelm II., sein Sohn, Friedrich Wilhelm III. nimmt die Berliner durch seine Ehefrau für sich ein. Luise von Mecklenburg-Strelitz ist erst Anfang zwanzig und gilt als ausgesprochen hübsch. Im Gegensatz zu ihrem sehr steifen, abgehackt redenden Gemahl ist sie sehr populär. In Berlin laufen Anekdoten um, in denen sich die königliche »Jungfer Husch« spontan und herzlich über das Hofzeremoniell hinwegsetzt.

Die Hauptstadt wächst weiter: Von 150 000 im Jahr 1786 auf 200 000 Menschen bald nach der Jahrhundertwende: »In Berlin kann einer mit einer Schellenkappe auf dem Kopf umherreiten und man wird keine Notiz von ihm nehmen«, bewundert ein Reisender die für eine deutsche Stadt außergewöhnliche Anonymität.

1792 In einer Beschreibung von 1792 werden die Häuser der besseren Stadtgegenden geschildert: »Meistens drei Stockwerk hoch ... aus Backsteinen gebaut ... Die Grundmauer ... ist meistenteils anders angestrichen als das übrige Gebäude ... An Verzierungen durch prächtige Balkons, die auf Säulen ruhen, mit Vasen versehenen

Schlösschen auf der Pfaueninsel

Altanen, Halbsäulen, kostbaren Portalen, durchbrochenen Treppen mit anschließenden, kunstreichen Eisengittern ... Stukkaturarbeiten ... wird nicht gespart.« Immer mehr Ladenlokale entstehen – die Märkte bestehen weiter. Der Mühlendamm über die Spree, die Stechbahn beim Schloss, die Königsstraße und der Spittelmarkt im Süden sind die vornehmsten Einkaufsgegenden.

Fast zweieinhalbtausend Straßenlaternen gibt es inzwischen, trotzdem beklagt ein Reiseführer, sie spendeten »nur eine Art von hellem Schatten, der zu nichts hilft«. Alle klagen über den Staub in den Straßen. Auch Preußens Überlandstraßen gehören zu den dürftigsten in Europa. Friedrich der Große hatte den Argwohn gehegt, allzu gute Straßen zögen den Feind ins Land. Ab 1792 **1792**
entsteht dann endlich wenigstens zwischen den beiden Residenzen Berlin und Potsdam eine »Chaussee«, wie man die nach französischem Muster mit Unterbau, gewölbtem Profil und seitlichen Gräben versehenen Straßen nennt. Innerhalb weniger Jahrzehnte durchzieht ein Netz solcher »Kunststraßen« auch ganz Preußen. Berlin zu erreichen wird weniger strapaziös.

Vor den Toren entstehen rings um die Stadt immer mehr Ausflugsorte. Nicht nur, weil man Enge und schlechte Luft flieht: Jenseits der Akzisemauer trinkt man steuerfrei. Die Sonntagsziele von einst liegen heute mitten in der Stadt: Aus dem Potsdamer Tor geht man nach Schöneberg, aus dem Kottbuser in die Hasenheide, aus dem Köpenicker nach Treptow in den Wald. Nach Osten zu, in Lichtenberg, liegt ein Kaffeehaus mit dem in Berlin so beliebten Namen »Neue Welt«. Richtung Nordosten gelangen Ausflügler in die Gärten von Schloss Friedrichsfelde. Im Norden geht es über die »Gesundbrunnen« genannte Heilquelle nach Pankow. Vor dem Rosenthaler Tor bietet »Mollards Weinberg« einen beliebten Kaffeegarten.

Dicht bei der Stadt liegen der »Dustere Keller« vor dem Halleschen Tor und vor dem Brandenburger Tor lockt seit einem halben Jahrhundert bereits das älteste Gartenlokal, die »Zelten«. Das größte Volksfest findet jedes

Jahr im August statt: der Stralauer Fischzug. Im Winter bietet der Weihnachtsmarkt Amüsement.

In der vornehmeren Welt beginnt sich in diesen Jahren nach englischem Vorbild der Tee gegen den Kaffee durchzusetzen. Die preußischen Versuche, aus Runkelrüben Zucker herzustellen, sind von Erfolg gekrönt: 1799 kostet ein Pfund Zucker in der Stadt weniger als 2 Groschen. Berlins Leidenschaft für alles Süße ist nicht mehr länger Luxus.

Es ist die Zeit der ersten Berliner »Salons«, Privathäuser, in denen sich alle treffen, die im geistigen Berlin eine Rolle spielen. Die Herzogin von Kurland lädt Leute, die ihr interessant scheinen, in ihr Palais und setzt dabei erstmals die sonst fast unüberwindlichen Standesgrenzen außer Kraft. Hoch und niedrig mischen sich ins Gespräch, von der Hausherrin klug animiert: eine Revolution. Einen anderen Salon führt Henriette Herz. Während die Herzogin durch ihren Stand weit über die Gesellschaft erhoben ist, steht Henriette Herz als Jüdin eigentlich außerhalb der Gesellschaft.

Lange hat sich Preußen aus den Kriegen mit dem Heer des nachrevolutionären Frankreich unter dem Kaiser (seit 1804) Napoleon Bonaparte taktierend heraus-
1806 halten können. Im Spätsommer 1806 ist es damit vorbei. Ein nüchterner Maueranschlag teilt den Berlinern den Untergang des alten Preußen mit:

»Der König hat eine Bataille verlohren. Jetzt ist Ruhe die erste Bürgerpflicht. Ich fordere die Einwohner Berlins dazu auf. Der König und seine Brüder leben! Berlin, den 17. October 1806. Graf von der Schulenburg.« Bei Jena und Auerstedt war die Armee wenige Tage zuvor vernichtend geschlagen worden. Immerhin lässt Napoleon Preußen als Staat bestehen; Friedrich Wilhelm III. regiert von Königsberg (heute Kaliningrad) aus.

Am 24. Oktober rücken die Franzosen in Berlin ein. Stadt und Festung Spandau werden kampflos übergeben. Napoleon, der zuvor in Potsdam das Grab Friedrichs des Großen besucht und im Schloss Charlottenburg Quartier genommen hat, reitet am 27. an der Spitze seiner Garden durch das Brandenburger Tor. Fast jedes Haus erhält Einquartierung. Die Kosten dafür und die der Stadt zusätzlich auferlegten Abgaben sind fast nicht aufzubringen. Nahezu ein halbes Jahrhundert wird vergehen, bis die Schulden von 4,5 Millionen Talern vollständig getilgt sind. Auf Befehl Napoleons wird die Quadriga vom Brandenburger Tor herabgenommen und per Schiff nach Paris geschafft. Die Franzosen bringen Berlin aber auch die erste frei gewählte Stadtregierung seit Jahrhunderten. Hauptaufgabe dieses »comité administrativ« ist es allerdings, das Geld für die Besatzungstruppen einzusammeln. Die allgemeine Armut wächst sofort ins Ungeheuerliche: Witwen- und Waisenkassen stellen die Zahlungen ein, Beamte bekommen so gut wie kein Gehalt mehr. Eine Suppenküche teilt 6 000 Mahlzeiten täglich aus.

Als Reaktion des Berliner Bürgertums auf die Besatzung setzte eine Bewegung weniger für den preußischen Staat als viel mehr für die deutsche Nation ein. Im Winter 1807/08 liest der Philosoph Johann Gottlieb Fichte an 14 Sonntagen vormittags im alten Akademiegebäude unter den Linden »Reden an die deutsche Nation«, während von der Straße her das Trommeln der französischen Soldaten heraufklingt. Zum ersten Mal wird der Zusammenschluss der deutschen Länder laut gefordert.

Im Dezember 1808 verlassen die Franzosen Berlin, **1808**
zwei Tage darauf rückt wieder preußisches Militär in die Kasernen ein. 1809 kehrt der Königshof zurück, Napoleon verspricht sich davon eine Zügelung der anti-französischen Stimmung in der Bevölkerung.

Dem Zusammenbruch des alten Staates versucht Preußen mit Reformen zu begegnen. Für Berlin bringen sie zwei umwälzende Neuheiten: Selbstverwaltung durch die neue Städteordnung von 1809 und die Gründung der Berliner Universität 1810.

Zur ersten Wahl im April 1809 wird die Stadt in 102 Bezirke eingeteilt, die je einen Vertreter wählen. Das aktive und passive Wahlrecht ist allerdings auf jene beschränkt, die ein Haus besitzen oder wenigstens 200 Taler im Jahr verdienen, das sind weniger als sieben Prozent der Bevölkerung. Erster Oberbürgermeister wird

Leopold von Gerlach, der zuvor als Vertreter des Bezirks Gendarmenmarkt gewählt worden war, als einziger Adliger unter lauter Gewerbetreibenden und Handwerkern.

Die 1810 gegründete Universität verdankt die moderne Form ihrer Einrichtung Wilhelm von Humboldt, der einige Jahre als Staatsminister die Bildungseinrichtungen Preußens reformiert. Die Voraussetzungen für die Neugründung in der Hauptstadt sind günstig: Berlin gilt bereits seit Jahrzehnten als Ort der Wissenschaften. An der Charité werden mehr Mediziner ausgebildet als an den Universitäten Greifswald, Rostock und Kiel zusammen. Im Oktober beginnt der Vorlesungsbetrieb im Prinz-Heinrich-Palais, das jetzt Universitätsgebäude ist. Feierlichkeiten finden nicht statt. Der Historiker Niebuhr, der Theologe Schleiermacher, der Philosoph Fichte und der Rechtsgelehrte Savigny gehören zu den überragenden Gründungsprofessoren. Für die Naturwissenschaften sind es der Botaniker Willdenow, der Chemiker Klaproth und der Arzt Hufeland.

Im März 1812 wird Berlin erneut französisch besetzt: Napoleon bereitet den Feldzug gegen Russland vor. Nach wenigen Monaten ziehen die Truppen in umgekehrter Richtung durch die Stadt: Die »Grand Armee« ist geschlagen. Es gärt unter Berlins Bürgern. Überall werden Waffendepots angelegt. Selbst die Gelehrten der Universität beteiligen sich an militärischen Übungen. »Landwehr« und »Landsturm« lauten die neuen Schlagworte: Das Volk soll zu den Waffen gerufen werden. König und Adel ist das unbehaglich: Volksbewaffnung klingt nach Revolution. Dennoch werden schließlich Landwehr-Truppen aufgestellt. Die Freiwilligen strömen herbei, von 10 000 Mann stellen die Berliner allein 6 300.

1813 Im April 1813 werden die Franzosen aus der Spandauer Zitadelle vertrieben. Bei der Belagerung explodiert ein Pulvermagazin durch Artilleriebeschuss, die Festung gerät in Brand. Immer wieder versuchen französische Heere in den folgenden Monaten die preußische Hauptstadt erneut einzunehmen. Im August werden sie dabei nur 20 Kilometer südlich der Stadt bei Großbeeren geschlagen, noch nachdrücklicher im September bei Dennewitz hinter Jüterbog. Beide Male sind Regimenter des bewaffneten Volkes, der neu aufgestellten Landwehr, am Sieg beteiligt.

Nach der Eroberung von Paris sorgt General Blücher für die Rückführung der Quadriga, die seit 1814 wieder auf dem Brandenburger Tor steht. Blücher wird 1816 zum Ehrenbürger Berlins ernannt. Fast 150 Jahre sollte es dauern, bis wieder feindliche Truppen Berlin erreichten.

Geschichtsspuren

Das **Brandenburger Tor** entstand 1789–91, der Bauschmuck zum Thema »Frieden« stammt von Gottfried Schadow (er schuf auch die Quadriga) und wurde drei Jahre später vollendet. Das Tor gilt als Hauptwerk von Carl Gotthard Langhans. Als Vorbild diente die Säulenanordnung der Propyläen auf der Akropolis in Athen.

Auch die einstige Anatomie der 1790 gegründeten Tierarzneischule (auf dem Gelände Luisenstr. 56, Hannoversche Str. 23–28) stammt von Langhans und gehört zu den wenigen »anatomischen Theatern« des 18. Jhs., die sich erhalten haben.

Ebenfalls Werke von Langhans und Zeugnisse der Zeit des »dicken Königs« in Berlin sind das charmante **Belvedere** im Schlosspark Charlottenburg und das – nur in den äußeren Formen wiederhergestellte – **Theater** (wenn man von der Straße her auf Schloss Charlottenburg blickt, der erhöhte Gebäudeteil im linken Schlossflügel).

Vertraute Friedrich Wilhelms II. von der Jugend bis zu seinem Tod war die Potsdamer Musikertochter Wilhelmine Encke. Für sie und sich lässt er 1794 das hölzerne **Schlösschen auf der Pfaueninsel** errichten, dessen Bemalung und äußere Gestalt es wie eine steinerne Burgruine aussehen lassen. Sein Sohn, Friedrich Wilhelm III., jedoch hat mit seiner Familie den hölzernen Bau wesentlich länger benutzt.

Ebenfalls in der Regierungszeit Friedrich Wilhelms II. ist 1789 – 91 die **Große Freimaurer Landesloge** (Oranienburger Str. 71 / 72) errichtet worden.

BERLIN IM BIEDERMEIER: VON DEN BEFREIUNGSKRIEGEN BIS 1848

Die Friedensverhandlungen auf dem Wiener Kongress
1815 1815 bringen Preußen einen gewaltigen Gebietszuwachs. Die krisengeschüttelte Berliner Textilindustrie wird in den folgenden Jahrzehnten mehr und mehr in Städte der neu erworbenen Niederlausitz ausgelagert: Dort sind die Löhne niedriger. Berlin dagegen öffnet sich neuen Technologien: Im Nordwesten vor dem Oranienburger Tor besteht seit einigen Jahren die Königliche Eisengießerei und erste Maschinenfabriken siedeln sich an.

Die »Befreiung von der Franzosenherrschaft« hat große politische Erwartungen geweckt: auf Teilhabe der Bevölkerung an der Macht und auf eine Politik, die zur Einheit der deutschen Nation führt. König und Adel dagegen geht es um die Wahrung der bestehenden Verhältnisse. Ein Ausdruck des gewandelten Zeitgefühls wird das »Turnen«, eine Wortschöpfung des Berliner Lehrers Friedrich Ludwig Jahn (»Turnvater Jahn«). Seit 1811 treibt Jahn mit 200 Gymnasiasten, bald auch mit Studenten und Arbeitern in der Hasenheide vor dem Halleschen Tor regelmäßig körperliche Übungen. Das Turnen wird zu einer Art politischer Kundgebung: für deutsche Einheit und für Demokratie. Gleiche Ziele verfolgen auch die »Burschenschaften«, die sich ab 1818 unter den Berliner Studenten bilden.

Im Jahr 1819 endet die Zeit der Reformen in Deutschland und speziell in Berlin. In den »Karlsbader Beschlüssen« einigen sich die Herrscher der führenden Staaten auf eine konservative monarchistische Politik. Ein Terroranschlag (die Ermordung des Dramatikers Kotzebue durch einen verwirrten Studenten) bietet den Vorwand, gegen alle missliebigen Bewegungen vorzugehen. In Berlin werden Jahn und etliche seiner Anhänger verhaftet, desgleichen Burschenschaftler. Professoren, wie der Theologe Schleiermacher, werden bespitzelt.

Bis zur Jahrhundertmitte verdoppelt sich die Einwohnerzahl Berlins noch einmal: 1847 leben über 400 000 Menschen in der Stadt. Die neuen Dampfmaschinen – 1837 sind es 30, 1845 schon 300 – haben aus der

Manufakturstadt Berlin die Industriestadt Berlin werden lassen. Dabei bilden die 4 000 Arbeiter der neuen Maschinenbaufabriken eine technologische Elite (als eine der wenigen Gruppen der Arbeiterschaft können sie vom Lohn auch auskömmlich leben). Seit 1824 steht mit der Gewerbeanstalt auch eine Ausbildungsstätte für Techniker zur Verfügung wie seit 1799 bereits für Bauleute die Bauakademie.

Das Verhältnis der Berliner zur Regierung im Schloss ist nicht gut. Von den Hoffnungen der Freiheitskriege ist übrig geblieben, dass nun auch die Einwohner der Hauptstadt der neuen allgemeinen Wehrpflicht unterliegen, in Berlin werden Exerzierhäuser errichtet.

Der Selbstverwaltung Berlins sind enge Grenzen gesetzt. Viele heutzutage ganz selbstverständlich kommunale Angelegenheiten bleiben Aufgabe der Regierung. Auch der Vertrag mit einer englischen Gesellschaft für Gasbeleuchtung im Jahre 1825 wird staatlicherseits, nicht 1825
von der Stadt in die Wege geleitet. Die Gesellschaft baut ein Gaswerk an der Spree und übernimmt die Aufstellung der Laternen. Das neue, helle Licht ist eine Sensation.

Ab 1838 verbindet eine Eisenbahn Berlin mit der Sommerresidenz Potsdam, in den folgenden Jahren entsteht eine Strecke nach der anderen und 1850 bereits kann man die preußische Hauptstadt aus allen Himmelsrichtungen per Bahn erreichen.

Die sozialen Probleme sind enorm. Größter Posten des Haushalts der Stadt Berlin bleibt die Tilgung der Schulden aus der Franzosenzeit, an zweiter Stelle aber folgt bereits die Finanzierung des »Armenwesens« (30 bis 40 %). Um kommunale Aufgaben überhaupt finanzieren zu können, verfällt man auf neue Steuern: Die Hundesteuer wird eingeführt, um Bürgersteige pflastern zu können.

Drei Tageszeitungen erscheinen mittlerweile, aber die Zensur ist streng. Als es 1824 bei der Einweihung der von Schinkel entworfenen Schlossbrücke zu einer Panik mit 22 Toten kommt, dürfen die Blätter über dieses ja nicht zu verheimlichende Unglück kein Wort schreiben. Ventil wird der Volkswitz, der sich damals im »Eckensteher

Nante« zum erstenmal eine das Berliner Volk verkörpernde Gestalt schafft. Die Texte Adolf Glaßbrenners werden von Theodor Hosemann illustriert und ungeheuer populär.

Um informiert zu sein, sind die Berliner auf außerpreußische Presse angewiesen. »Lesecafés« ermöglichen die Lektüre. Die elegante Welt trifft sich in den Konditoreien, unter den Linden seit 1833 bei Kranzler und am Gendarmenmarkt bei Stehely.

Kunst und Wissenschaft erlangen für das Berliner Bürgertum eine nie gekannte Bedeutung. 1821 wird nach Brand des alten Hauses das neue Schauspielhaus am Gendarmenmarkt eröffnet. Das Gebäude der Singakademie entsteht und am Lustgarten das (Alte) Museum. Die Universität entwickelt sich zur führenden Hochschule Deutschlands. Seit 1818 lehrt Hegel hier Philosophie, seit 1825 Leopold von Ranke Geschichte. Im Wintersemester 1838/39 schreiben sich 1772 Hörer ein, mehr Studenten hat keine andere deutsche Universität.

Brandenburger Tor (Ostseite)

1827 kehrt Alexander von Humboldt, der Bruder des Schöpfers der Universität, in die Stadt zurück. Er hat den gesamten südamerikanischen Kontinent bereist und 1827
dabei Tier- und Pflanzengeographie, das Klima und die Lebensweisen der Einwohner erforscht. Er gilt als Weltberühmtheit, Paris hat ihn gefeiert. In Berlin hält er für ein gebildetes Publikum Vorlesungen über Geographie und Kosmologie, die großen Zulauf haben.

Wieder trifft sich die Welt in den Berliner Salons, in dem der Rachel Varnhagen, dem des Kriminalrats Julius Eduard Hitzig, später bei Bettina von Arnim. In diesen offenen Häusern werden die Themen des Tages diskutiert, Literatur, Kunst, Theater, aber auch Politik und auch soziale Fragen beginnen eine Rolle zu spielen. Bettina von Arnim ist es, die 1843 eine Untersuchung des Wohnungselends in den Mietshäusern des »Voigtlands«, einer Siedlung vor dem Oranienburger Tor, veröffentlich unter dem Titel »Dies Buch gehört dem König«.

Die Jahre nach 1820 sind auch die Zeit des genialen Baumeisters Friedrich Schinkel. In einer ungeheuren Arbeitsleistung gestaltet er die Stadt um. Er liefert Entwürfe für die königliche Eisengießerei, für Möbel und Innenausstattungen. Als er 1841 stirbt, haben seine Bauten Berlin geprägt: Neue Wache, Schlossbrücke, Schauspielhaus, Bauakademie, Singakademie, Altes Museum, die Kirche auf dem Friedrichswerder und die Domkirche.

Immer mehr wird die Umgebung zur Erholungslandschaft. Peter Josef Lenné, königlicher Gartendirektor, gestaltet in den 30er Jahren den Tiergarten um zu einem Landschaftspark für alle Schichten.

1816 war in Pichelsdorf das erste deutsche Dampfschiff auf Kiel gelegt worden. Wirtschaftlich ein Fehlschlag. Aber in den 40er Jahren entsteht allmählich eine Ausflugsschiffahrt. Wenigstens das Bürgertum kann mit dem »Dampfer« ins Grüne fahren. Auch die neuen Eisenbahnen werden bald entsprechend genutzt. Die Fasanerie am Südrand des Tiergartens wandelt sich 1841 zum Zoologischen Garten (der König hatte die exotischen Tiere der Menagerie auf der Pfaueninsel dafür hergegeben) und 1848 wird mit dem Humboldthain im – proletarischen – Osten der Stadt ein großer Volkspark eröffnet.

1841 baut der 36jährige Unternehmer August Borsig in seinem Betrieb die erste deutsche Lokomotive, bis dahin waren die Maschinen Importe aus England oder Amerika gewesen. Die Kraftübertragung auf die Räder hatte deutschen Herstellern Probleme bereitet. Borsig kopiert und verbessert das amerikanische System. Bei einer Wettfahrt wird die englische Konkurrenzmaschine geschlagen. Lokomotiven werden von nun an in Berlin gebaut. 1844 stellen über 3 000 Betriebe Erzeugnisse auf einer Gewerbeausstellung aus, darunter allein 700 Berliner Firmen; Preußens Hauptstadt ist zum Technologiezentrum geworden.

1840 folgt Friedrich Wilhelm IV. seinem Vater auf den Thron. Das Bürgertum setzt große politische Hoffnungen auf diesen künstlerisch begabten Sohn der Königin Luise.

Berlin bekommt einen Vorgeschmack auf ein Parlament: Im April 1847 tagt ein gemeinsamer Landtag aller preußischen Landesteile in der Stadt. Er soll die gigantische Summe von 25 Millionen Taler bewilligen für den Eisenbahnbau nach Königsberg. Überschattet wird das Ereignis von Hungerunruhen. Nach Missernten 1846/47 werden jetzt Läden geplündert, das Militär schreitet ein und macht sich noch unbeliebter.

1848 Im folgenden Jahr, am 26. Februar 1848, treffen Nachrichten von der in Paris ausgebrochenen Revolution in Berlin ein. »In den Zelten« kommt es zu großen erregten Versammlungen. Die alte Vergnügungsstätte liegt vor der Mauer außerhalb der Reichweite der städtischen Polizei. Als am 13. März Berliner Arbeiter nach einer Versammlung durch das Brandenburger Tor in die Stadt zurückströmen, werden sie von einem Kavallerieaufgebot angegriffen. Es gibt Verletzte. In den folgenden Tagen entstehen erste Barrikaden.

Auf die Nachricht vom Sieg der Revolution in Wien richtet eine Versammlung am 17. März an den König die Forderungen, das Militär zurückzuziehen, eine bewaffnete Bürgerwehr aufzustellen, die Freiheit der Presse zu gewähren und den Landtag einzuberufen. Der König bewilligt die Pressefreiheit, die Einberufung des Landtages und stellt weiter gehende Reformen in Aussicht.

Tags darauf versammeln sich 10 000 Berliner vor dem Schloss. Als Soldaten beginnen, den Schlossplatz zu räumen und sich zwei Schüsse aus Gewehren der Schloss- 1848 wache lösen, fühlen die Demonstranten sich hintergangen und »in wenigen Stunden war ganz Berlin unter Barrikaden«, schreibt ein Zeitgenosse.

Am frühen Abend beginnen erbitterte Straßenkämpfe, vor allem in der Breiten- und der Königsstraße. Die Dächer werden abgedeckt und die Truppen von oben mit Steinen und Balken beworfen. Es ist ein ungleicher Kampf. Etwa 230 Opfer sind zu beklagen, überwiegend Gesellen und Arbeiter.

Am Vormittag des 19. März zieht der König die Soldaten zurück. Berlin bewaffnet sich: Jeder, der einen Bürgerbrief vorzeigen kann, erhält im Zeughaus ein Gewehr. Der König wird gezwungen, in den Schlosshof

Hamburger Bahnhof, heute Museum für Gegenwart – Berlin

zu kommen und die dort aufgebahrten Leichen der Gefallenen zu ehren. Er erscheint am Arm der Königin und zieht vor den Opfern den Hut. Gemeinsam singt man den Choral »Jesus meine Zuversicht«. Am Abend wird Berlin von den Bewohnern illuminiert: Die Revolution hat gesiegt.

Zwei Tage darauf reitet der König durch die Straßen Berlins und trägt am Rockärmel ein schwarz-rot-goldenes Band, die Farben all derer, die für Demokratie und die staatliche Einheit der Deutschen eintreten. Er stelle sich, verkündet Friedrich Wilhelm, an die Spitze der Bewegung für Einheit und Freiheit. Die Berliner Stadtregierung tritt zurück. Tags darauf, am 22. März, werden 183 Gefallene unter großer Teilnahme der Berliner am Rande des Volksparks Friedrichshain beigesetzt.

Der später berühmte Pathologe der Charité, Rudolf Virchow, berichtet über die Tage nach dem Sieg: »Überall Leben, überall Waffen, überall freie und öffentliche Rede. Ganz Berlin hängt voller deutscher Fahnen!« Zeitungen entstehen, Flugschriften erscheinen und politische Clubs werden gegründet, Vorläufer der Parteien. In 140 Wahlbezirken wählen 60 000 »Urwähler« 402 Mitglieder der neuen preußischen Nationalversammlung. Die Gewählten treten anfangs in der Singakademie zusammen, danach im Schauspielhaus. Es kommt zu harten Kontroversen zwischen Gemäßigten und Radikalen.

Letztlich kann sich die Revolution nicht durchsetzen. Die Unruhe zieht eine Wirtschaftskrise nach sich: 4 400 Wohnungen stehen leer, Firmen stellen ihre Zahlungen ein. Als auch in den übrigen deutschen Hauptstädten die Revolution scheitert, rückt am 10. November General Wrangel mit Truppen in die Stadt ein. Gegenwehr gibt es nicht mehr. Das Ende der Revolution von 1848 in Berlin.

Die Regierung unternimmt Schritte, den Hauptstadtkoloss irgendwie zu befrieden. Damit bei künftigen Erhebungen das Militär schneller zur Hand ist, wird ein Kranz neuer Kasernenbauten an den Ausfallstraßen gebaut. Eine uniformierte Polizei, die »Schutzmannschaft«, sorgt jetzt für Ordnung und eine Berufsfeuerwehr, die viele Jahre hindurch auch die Stadtreinigung mit übernehmen muss, wird gegründet. Bade- und Waschanstalten an der Spree sorgen für bessere Hygiene und die englische Firma Fox & Crampton erhält den Auftrag, ein Wasserwerk und ein Leitungssystem zu bauen (das allerdings nicht bis in die Wohnungen reicht). Um die Kommunikation mit den Untertanen zu verbessern, erhält der Drucker Litfaß 1854 das Privileg, 150 Anschlagsäulen aufzustellen. Auch der Verkehr wird erleichtert: Seit 1851 verbindet ein Schienenstrang die verschiedenen Berliner Kopfbahnhöfe miteinander; Güterwagen aus dem Osten Preußens können jetzt direkt Richtung Westen weitergeleitet werden.

1851

Die Revolution ist gescheitert, die sozialen Spannungen und das Elend der ständig wachsenden Arbeiterschaft bleiben enorm, aber Berlin ist auf dem Weg, eine moderne Großstadt zu werden.

GESCHICHTSSPUREN

Nur wenige **Wohnbauten** aus der Zeit haben sich erhalten, die meisten in den Straßen hinter dem einstigen Spandauer Tor (heute **Hackescher Markt**). **Linienstraße** (= einstige Stadtgrenze), 48, 49, 98, 99, 137, 199 b und 206. Ebenfalls lohnend ist ein Gang durch die **Marienstraße,** die noch ein geschlossenes Bild der Bauzeit von 1825 bietet; Teil der Friedrich-Wilhelm-Stadt, der letzten Erweiterung des alten Berlin.

Die **Kaserne des 1. Garde-Dragoner-Regiments** (Kreuzberg, Mehringdamm 20–30) gehört zu den Militärbauten, mit denen der preußische Staat künftige Erhebungen unterdrücken wollte.

In der **Invalidenstraße** 50–51 bildet der Kopfbau des 1847 fertiggestellten **Hamburger Bahnhofs** ein letztes Zeugnis der frühen Berliner Bahnbauten (heute Museum für zeitgenössische Kunst).

Bauten Friedrich Schinkels in Berlin: Unmittelbar nach Ende der Befreiungskriege wurde 1816–18 die **Neue Wache** (Unter den Linden 4) errichtet. Der klassizistische Bau (heute Gedenkstätte) dokumentiert die Sparsamkeit der damaligen Nachkriegsjahre: Der teure Sandstein blieb dem Portikus der Lindenseite vorbehalten.

Das 1818–21 entstandene **Schauspielhaus** am Gendarmenmarkt (es war bereits der vierte Theaterbau an diesem Ort) dient heute als Konzerthaus, das 1827 eingeweihte Gebäude für die (1791 gegründete) **Singakademie** (Am Festungsgraben) wiederum als (Maxim-Gorki-)Theater.
Der Ursprungsbau der Museumsinsel, das heutige **»Alte Museum«,** wurde von Schinkel 1824–28 dem Schloss gegenüber am Lustgarten errichtet. Es gilt als ein Hauptwerk des deutschen Klassizismus. Die **Schlossbrücke** (1821–24), zeigt neben dem 20 Jahre später aufgestellten plastischen Schmuck ein sehenswertes Geländer aus Eisenguss, dem für Berlin typischen Material jener Jahre.
1832–35 entstand die **Bauakademie**. Nach dem Krieg abgerissen, seit kurzem jedoch steht wieder die Kopie eines Teils der Fassade am ursprünglichen Ort gegenüber dem Außenministerium.
In Sichtweite des Fragments der Bauakademie die 1830 errichtete **Friedrichswerdersche Kirche** (Werderstraße, sie dient heute als Museum für Bildhauerei des 19. Jhs.).
Am nördlichen Rand des damaligen Berlin hat Schinkel eine ganze Reihe von Kirchen für die sozialen Problemgebiete in den Vorstädten entworfen, zum Beispiel »auf dem Wedding« die Alte **Nazarethkirche** (Wedding, Leopoldplatz), als einfachen, turmlosen Saalbau oder die **Elisabethkirche** (Invalidenstr. 3, Ruine), beide 1832–34 entstanden.
Auch zur Schlösserlandschaft rund um Potsdam hat Schinkel vielfach beigetragen. Auf Berliner Seite des »Preußischen Arkadien« liegt **Klein-Glienicke** an der Potsdamer Chaussee vor der Glienicker Brücke. 1812 begannen die Arbeiten zunächst für den Kaufmann Rosentreter, ab 1816 für den Staatskanzler Hardenberg, nach 1824 für den Prinzen Carl von Preußen.
Das von Schinkel für Wilhelm von Humboldt 1820–24 gebaute und ausgestattete **Tegeler Schlösschen** steht immer noch im Originalzustand nahe der Mündung des Tegeler Fließes in den Tegeler See (Reinickendorf, Adelheidallee 19–20).
Der **Schinkel-Pavillon** im Charlottenburger Schlosspark zeigt Möbel und Bilder der Schinkel-Zeit.

RINGBAHN, MIETSKASERNEN, SPEKULANTEN 1850–1900

1859 schreibt Karl Marx über die Stadt seiner Studentenjahre: »Wer Berlin vor 10 Jahren gesehen hat, würde es heute nicht wiedererkennen.« Preußens Hauptstadt prosperiert. Zwischen 1859 und 1887 wächst die Bevölkerung um 200 %, das Steueraufkommen aber nimmt um über 500 % zu.

Auch wenn sich die Hoffnungen auf Demokratie zerschlagen haben: In der Berliner Kommunalverwaltung haben spätestens seit 1862 die Liberalen für viele Jahr- 1862
zehnte das Heft in der Hand. Bürgerbewusstsein strahlt auch das neue Rathaus mit dem 94 Meter hohen Turm aus, der das Schloss überragt. 1865 tagt die Stadtverordnetenversammlung zum ersten Mal im neuen Haus.

Man hat begonnen, die riesigen Gebiete »vor den Toren« einzugemeinden. Seit 1861 gehören im Norden Wedding, Moabit und Gesundbrunnen zum Stadtgebiet und im Süden Teile von Schöneberg und Tempelhof: Aus dreieinhalb werden fast sechstausend Hektar Stadtfläche. Die alte Steuermauer aus der Zeit des Soldatenkönigs wird abgerissen, breite Straßen treten an ihre Stelle. Die Militärs hätten die Mauer gern behalten, um bei etwaigen Revolten die Stadt besser absperren zu können. Berlin ist inzwischen Zentrum der Arbeiterbewegung geworden und das Ziel der sozialdemokratischen Partei ist die Revolution.

Die Wohnungsnot ist entsetzlich, 1870 steigert sie sich zur Katastrophe. Auf leeren Plätzen vor dem Halleschen Tor kampieren Neuankömmlinge Monate lang in Zelten und Hütten. Mieter werden auf die Straße gesetzt, wenn sich höhere Mieten erzielen lassen, es kommt zu Straßenschlachten. Allein das Jahr 1870 verzeichnet eine Zuwanderung von 66 000 Menschen. Nur noch eine Minderheit der Berliner ist in der Stadt geboren.

»Terrainspekulation« ist das Wort jener Jahre. Auf freiem Feld werden möglichst billig Häuser für die Massen gebaut: »Mietskasernen«. Um möglichst wenig Straßen anlegen zu müssen, sieht der Bebauungsplan von 1862 große Grundstückstiefen vor: Ein Haus hat viele Hinterhäuser. Solange die Höfe eine Mindestgröße von 28 Quadratmetern aufweisen, also eine der damals üblichen kleinen Feuerwehrspritzen darin wenden kann, ist alles rechtens.

Das alte Berlin verschwindet. Die Bürgerhäuser aus der Barockzeit müssen Mietshäusern Platz machen, die alte Residenzstadt Berlin des Soldatenkönigs und Friedrichs des Großen geht nach und nach unter. Die Sommergärten und die letzten Weinberge werden überbaut, Wein kommt jetzt billig per Eisenbahn aus dem Rheinland. Gleichzeitig lernen Berlins Brauer Biere der untergärigen, bayrischen Art herzustellen, es entstehen die ersten Großbrauereien.

Längst ist es ein Problem, von einem Ende der Stadt zum anderen zu kommen. 1867 beginnt daher der Bau der Ringbahn, die auf künstlichen Dämmen und in tiefen Grabeneinschnitten verläuft. Der Krieg von 1870/71 und Probleme mit dem Baugrund führen dazu, dass sich die Fertigstellung 10 Jahre hinzieht. In den 80er Jahren vervollständigt dann die den »Ring« durchschneidende »Stadtbahn« auf gemauerten Bögen das Berliner Bahnverkehrssystem.

1865 fährt die erste Pferdestraßenbahn, später verbindet sie Berlin vom Kupfergraben aus mit Charlotten-
1879 burg. Auf der Gewerbeausstellung von 1879 in Treptow zeigt Siemens dann den ersten elektrischen Zug, zwei Jahre später verkehrt im Villenvorort Lichterfelde auf vier Kilometern die erste elektrische Straßenbahn. Massenverkehrsmittel jedoch ist der Pferdeomnibus.

In den 60er Jahren verbessern sich die Finanzen der Stadt. Lange liegen die Zeiten zurück, in denen man noch die napoleonischen Schulden zu tilgen hatte. Zum ersten Mal sind nicht mehr die Kosten für die Armenpflege größter Haushaltsposten, sondern die für das Schulwesen. Seit 1870 ist der Besuch der Volksschule kostenlos. Aber auch andere Gemeinschaftsaufgaben werden in Angriff genommen, wie 1874 das erste städtische Krankenhaus und Parks.

Ein Problem bleibt nach wie vor die Hygiene. 1869 legt Stadtbaurat James Hobrecht einen Plan zur Bewältigung der Abwassermengen vor. Ringförmig durch die Stadt laufende unterirdische Kanäle sollen die Fäkalien sammeln. Dampfpumpen werden sie dann auf Rieselfelder weit draußen auf dem Land leiten. Die Kosten sind enorm. Erst drei Jahrzehnte später sind die letzten Ringkanäle fertig, lange noch gibt es Straßen mit offenen Abwasserrinnen.

Der Sieg über Frankreich 1871 bringt die Einheit Deutschlands als Kaiserreich unter Preußens Führung. Preußens König ist jetzt auch Deutscher Kaiser, Berlin damit kaiserliche Residenz. Das Parlament des neuen Staates, der Reichstag, tagt in der Stadt, die sich von nun an nach und nach zum Zentrum Deutschlands entwickelt. Viele Großbauten der folgenden Jahre tragen bereits einem gesteigerten Repräsentationsbedürfnis Rechnung: Ein Abgeordneter der Zentrumspartei spricht 1882 im 1882
Preußischen Abgeordnetenhaus zum ersten Mal missmutig vom »Wasserkopf Berlin«, ein später immer wieder gebrauchtes Wort.

Am Beginn des Kaiserreichs steht eine gigantische Wirtschaftskrise. Die Jahre 1870 bis 1873 werden als Rotes Rathaus

»Gründerzeit« bezeichnet: Finanzspekulationen bringen eine kurze und hektische Scheinblüte hervor. Schließlich bricht alles im »Gründerkrach« von 1873 zusammen. Tausende Familien, die ihr Geld in hochspekulative Aktiengesellschaften gesteckt hatten, verarmen. Handwerker und Arbeiter werden nicht bezahlt und geraten ins Elend. Viele Industriefirmen gehen bankrott. Einige sehr große Vermögen entstehen.

Die Innenstadt kommt für viele gehobene Bürgerfamilien immer weniger als Wohnort in Frage. Die vornehmen Grundstücke am Rande des Tiergarten sind rar. Seit den 60er Jahren werden daher die ersten Villenvororte angelegt: Westend auf dem Spandauer Berg oberhalb von Charlottenburg und Lichterfelde, günstig an der Potsdamer Bahn gelegen. Auch in fast allen Dörfern der Umgebung entstehen Villen für Gewerbebürgertum und Beamtenschaft. Das dichte Netz von Vorort- und Ringbahnverbindungen erlaubt den Bewohnern am Morgen in die Stadt zu pendeln. Die Strecke Berlin–Potsdam über Zehlendorf, Schlachtensee und Wannsee wird 1874 als erste spezielle Vorortlinie gebaut. 1886 entsteht am Ende des Kurfürstendamms, dem alten Weg zum Jagdschloss im Grunewald, die Villenkolonie Grunewald.

Inzwischen gibt es auch neue technische Kommunikationsmittel. Neben dem elektrischen Telegrafen, der seit den 50er Jahren Nachrichten innerhalb weniger Stunden in nahezu jede Ecke der Welt überträgt, kann man ab 1865 innerhalb der Stadt schriftliche Nachrichten per Rohrpost befördern lassen. Seit 1879 gibt es zudem das Telefon, zunächst allerdings ausschließlich für Behörden und wenige Privathaushalte.

Berlin pflastert viele Straßen neu, die holprigen Straßen waren berüchtigt. 1875 wird die Stadtreinigung ins Leben gerufen. Große Wasserwerke entstehen am Tegeler und am Müggelsee. Auch ein weiteres Hygieneproblem findet nach quälendem Ringen um Kosten und Zuständigkeiten eine Lösung: die Versorgung mit gesunden Lebensmitteln. In Lichtenberg entsteht mit dem Zentralviehhof eine moderne Schlachtanlage. Die Verteilung erfolgt seit 1884 über eine Zentralmarkthalle am Alexanderplatz und in den Wohnvierteln werden bis 1894 für die einkaufenden Dienstmädchen und Hausfrauen 18 Markthallen errichtet.

In Berlin blühen die Wissenschaften. Neben dem Pathologen Rudolf Virchow – der auch als Kommunalpolitiker für Berlin bedeutend wird – arbeiten der Bakteriologe Robert Koch und der Physiologe Emil du Bois-Reymond in der Hauptstadt. Die Technische Hochschule Charlottenburg, 1879 gegründet, besitzt seit 1884 am Rand des Tiergartens das zweitgrößte Gebäude Preußens (nur der Kölner Dom ist größer) und gilt als führend auf den Gebieten Chemie, Maschinenbau und vor allem der modernen Elektrotechnik.

Berlins Industrie umfasst inzwischen fast alle Branchen. Rund um den Spittelmarkt produzieren Firmen Konfektionskleidung und Textilien. Entlang der Ausfallstraßen beanspruchen Brauereien riesige Areale. Apparatebau, optische Werke und Chemieindustrie wie Schering und Agfa beschäftigen ebenfalls Zehntausende Arbeiter. 1882 arbeiten in 552 Berliner Betrieben jeweils mehr als 50 Personen, 1895 erreichen bereits 1 006 Betriebe diese Größe. In den typischen Berliner Gewerbehöfen produzieren Tausende Klein- und Mittelbetriebe.

Größtes Problem bleibt weiter die Wohnungsnot. Selbst Beamte müssen oft untervermieten, um die hohen Wohnkosten bestreiten zu können. In den Arbeitervierteln wird nicht nur im Schichtsystem gearbeitet, sondern auch geschlafen: Betten werden stundenweise vermietet. Ein Raum, in dem fünf Menschen leben, gilt amtlicherseits nicht als überbelegt. In den Massenquartieren kommt häufig auf 50 Menschen nur eine Toilette.

1888 stirbt Kaiser Wilhelm I. Der Kronprinz regiert, 1888
todkrank, nur wenige Wochen, dann gelangt in diesem »Dreikaiserjahr« Wilhelm II. an die Regierung. Er verfolgt ein imperialistisches Programm, Deutschland soll »einen Platz an der Sonne« erringen. In der Hauptstadt entstehen in den folgenden Jahren auftrumpfende Bauten mit überladenem Dekor.

Deutsches Theater

Das 19. Jahrhundert endet mit einer beispiellosen Konjunktur für Berlins Industrie in der zweiten Hälfte der 90er Jahre. Die Gewerbeausstellung von 1896 im Treptower Park ist 30 Mal so groß wie jene 15 Jahre zuvor. Ihre elektrische Beleuchtung zeigt: Berlin versteht sich als Zentrum der modernsten Technik. Aus Werner von Siemens Betrieb für elektrische Telegrafen ist innerhalb von 40 Jahren ein Konzern gewachsen, der von der Straßenbeleuchtung bis zur E-Lok alles produziert, was mit der neuen Energieform zu tun hat. Die Allgemeine-Elektrizitäts-Gesellschaft, AEG, der zweite große deutsche Elektrokonzern, hat ebenfalls ihren Sitz in Berlin.

In der zweiten Hälfte des 19. Jhs. hatte Berlin auf kulturellem Gebiet nur eine untergeordnete Rolle gespielt. Immerhin besitzt es seit 1869 eine Musikhochschule und 1882 gründen sich die Berliner Philharmoniker, die
1889 unter der Leitung Hans von Bülows (1882–94) bald ein hohes Niveau erreichen. Entscheidend Neues aber kündigt sich mit der Uraufführung des Dramas »Vor Sonnenaufgang« am 20. Oktober 1889 an. Gerhart

Hauptmanns Stücke, in denen Dialekt und Alltagssprache gesprochen werden, Gestalten aus der Unterschicht Helden sein können, verursachen Skandal und dürfen zunächst nur in geschlossenen Vereinsaufführungen der »Freien Bühne« gezeigt werden. Berlin wird zum Zentrum einer neuen literarischen Richtung, des Naturalismus.

1899 gründen jüngere Berliner Maler, unter ihnen Max Liebermann, die »Berliner Secession«, gegen die offiziell geförderte Salonkunst, die unter anderem durch den vom Kaiser protegierten Historienmaler Anton von Werner repräsentiert wird. Für Wilhelm II. sind die Bestrebungen der Modernen »Rinnsteinkunst«.

Auch politisch und sozial kündet sich Neues an. Die sozialdemokratische Partei ist inzwischen eine etablierte Größe. Streiks werden nicht mehr automatisch mit Polizei- oder gar Militärgewalt beantwortet. Es besteht eine bescheidene Kranken- und Altersversorgung. Das Armen- und Obdachlosenwesen – häufig in kirchlicher Verantwortung – bietet ein rudimentäres soziales Netz für die untersten Schichten. Die sehr kostspieligen Hygienemaßnahmen der vergangenen Jahrzehnte beginnen zu greifen, die Verkehrsverhältnisse sind modern, auch Arbeiter können am Sonntag »ins Grüne« fahren, es bildet sich eine Berliner Massenkultur. Berlin wird Pressestadt, die großen Zeitungsunternehmen von Mosse, Scherl und Ullstein entstehen. Die ersten Volksbibliotheken stillen den Bildungshunger der Massen, die vorstädtischen Theater und ein ausgedehntes Vergnügungswesen aus preiswerten Ausflugs- und Konzertlokalen sorgen für Unterhaltung.

Dem Kaiserhaus ist all das unheimlich. Auf die soziale Frage versucht man mit konventionellen Mitteln zu antworten. Bis heute prägen die damals entstandenen, oft geradezu riesigen Kirchen mit zum Teil weit über 1000 Sitzplätzen das Stadtbild. Man hofft, die Arbeitermassen mit Hilfe der Religion dem Sozialismus abspenstig machen zu können. Die Kaiserin heißt wegen ihrer Rolle beim Bau immer neuer Gotteshäuser in Berlin allgemein »Kirchenjuste«.

Geschichtsspuren

Repräsentationsbauten:
1884–94 entsteht am Rand des Tiergartens das Gebäude des **Reichstags** (Platz der Republik) nach Plänen von Paul Wallot. Nach Reichstagsbrand (1933), den Endkämpfen 1945, Wiederaufbau 1961–71 und Neugestaltung bis 1999 zum Plenargebäude des Deutschen Bundestages weitgehend verändert.
Preußisches Herrenhaus (Bundesrat, Leipziger Str. 3–4), 1899–1903, und **Preußisches Abgeordnetenhaus** (Berliner Abgeordnetenhaus, Niederkirchnerstr. 5), 1892–97.
Dom. Nach Abriss des Vorgängerbaus beginnt 1893 die Realisierung des 1885 vorgelegten Entwurfs von Julius Raschdorf in den Formen des römischen Barock.
Siegessäule (Tiergarten, Am Großen Stern). Entworfen anlässlich des Sieges über Dänemark 1864, 1873 mit der **Viktoriastatue** versehen. Ursprünglich nur drei statt heute vier Säulensegmente (drei Siege: 1864, 1866, 1871) auf kleinerem Sockel an anderer Stelle stehend.
Berlin auf dem Weg zu einer modernen Großstadt:
Rotes Rathaus. 1861 wurde mit dem Bau begonnen nach dem Entwurf von Herrmann Friedrich Waesemann in den Formen italienischer Renaissance und nach dem Vorbild flämischer Rathäuser (während der Geschäftsstunden zugänglich).
Feuerwehr. In Mitte in der Linienstr. 128–129 steht die um 1859 errichtete, älteste erhaltene **Feuerwache** Berlins.
Ein Beispiel für die Bauten der **Großbrauereien** ist die **Bergbrauerei** in der Bergstr. 22. Die hofseitigen Bauten wurden zwischen 1860 und 94 errichtet und weisen zum Teil aufwendigen Bauschmuck auf. An der Straße steht ein Wohnhaus von 1878 und zeigt die Mischung von Wohnen und Gewerbe.
Die 12 km **Stadtbahnviadukt** zwischen Schlesischem Bahnhof und dem Bahnhof Charlottenburg prägen immer noch das Stadtbild, etwa im Bereich Friedrichstraße. Hier sind die Bögen mittlerweile für Läden und Gastronomie geöffnet.
Wissenschafts- und Universitätsbauten:
Friedrich-Wilhelm (heute: Humboldt)-Universität: Ehemalige Universitätsbibliothek (Dorotheenstr. 28),

1871–4 errichtet, und das ehemalige physiologische Institut (Dorotheenstr. 96) von 1873.

Technische Universität. Von den Bauten der ehemaligen TH Charlottenburg aus den frühen Jahren (bis heute in Benutzung) das Institut für Chemie (Straße des 17. Juni 115), 1882 von Karl Julius Raschdorf entworfen (Vorarbeiten von Friedrich Hitzig).

Städtische Krankenhäuser:

Erstes von der Stadt Berlin finanziertes Krankenhaus war das Krankenhaus am Friedrichshain (Friedrichshain, Landsberger Allee 49) von 1868–74 im damals neuen Pavillonstil.

Markthallen:

Die **»Ackerhalle«** (Ackerstr. 23), von 1886–8 bis heute in Betrieb, gusseiserne Stützen gut erkennbar.

Wasserwerk. (Prenzlauer Berg, Knaackstr. 23) Die von den Engländern Charles Fox und Thomas Russel Crampton in den Jahren nach 1856 errichtete Anlage aus **Standrohrturm** und **Wasserturm** auf dem einstigen Windmühlenberg in gelbem Klinker diente bis nach dem 2. Weltkrieg der Wasserversorgung.

Das **Wasserwerk Friedrichshagen** (Köpenick, Friedrichshagen, Müggelseedamm 164–6) wurde 40 Jahre später gebaut im Stil der Backsteingotik; damals war es die größte derartige Anlage in Europa (Museum).

Abwasserentsorgung nach James Hobrecht:

Ein **Pumpwerk** des Radialsystems von James Hobrecht von 1876 steht am Halleschen Ufer 78, im Innern noch die Dampfmaschinen.

Gasversorgung:

Gasometer (Kreuzberg, Fichtestr. 4–12) 1876 errichtet. Die im Krieg zum Bunker umgebaute Anlage ist der letzte Gasbehälter in gemauerter Form, später wurden Eisenkonstruktionen benutzt.

Schulgebäude:

Aus der Zeit des Ausbaus des preußischen Schulwesens haben sich zahlreiche Bauten erhalten: Gipsstr. 23a, 1872–3 vierstöckige **Gemeindeschule** mit Rektorwohnhaus. Der Ziegelbau mit sorgfältig gestalteter Fassade dient bis heute als Schule.

Aus der gleichen Zeit stammt das einstige **Friedrich-Real-Gymnasium** in der Albrechtstr. 27.

Postbauten:

Das **Generaltelegraphenamt** in der Jägerstr. 42–4 von 1878 ist der älteste Postbau Berlins, der sich erhalten hat, die Putten tragen postalische Symbole.

Das einstige **Postfuhramt** (Oranienstr. 35–6) aus den Jahren 1875–81, Kuppelbau im Stil der italienischen Renaissance mit aufwendigem Terrakotta-Schmuck. Das **Reichspostmuseum** (heute Museum für Kommunikation), ein Aufsehen erregender Bau (Leipziger, Ecke Mauerstr.) mit Weltkugel in der Attika, stammt von 1898.

Sozialeinrichtungen:

Die »Wiesenburg«, ein **Obdachlosenasyl** von 1896, ist in der Weddinger Wiesenstr. 55–9 erhalten.

Theater:

Das **Deutsche Theater** (Schumannstr. 12) wurde 1850 errichtet, seit 1883 trägt es die heutige Bezeichnung. Das Foyer im Rang stammt von 1872, die Fassade von 1883. Typisch für wilhelminische Theaterbauten ist auch das Innere des heutigen **Berliner Ensemble,** einst Neues Theater am Schiffbauerdamm, (Bertolt-Brecht-Platz 1).

Vergnügungsorte:

In der Kreuzberger Naunynstr. 27 steht im Hof ein **Ballhaus** von 1876 (heute Kulturhaus).

Der repräsentative Bau Friedrichstr. 165 entstand 1889 als **vornehmer Ausschank** der Pschorr-Brauerei.

Kirchen:

Typisch für eine Großkirche der Kaiserzeit ist die Kreuzberger **Kirche zum Heiligen Kreuz** (Blücherstr.) von 1888 (Gemeindezentrum, zugänglich)

Aus der wilhelminischen Zeit, als sich Schöneberg zur Stadt entwickelt hatte, stammt die **Apostel-Paulus-Kirche** in der Grunewaldstr., die 1894 von Franz Schwechten errichtet wurde, der auch die **Kaiser-Wilhelm-Gedächtnis-Kirche** (1895) entworfen hat.

DIE STADTLANDSCHAFT ENTSTEHT 1900–1920

Am Beginn des 20. Jhs. ist Deutschlands Hauptstadt die am dichtesten besiedelte Stadt der Welt. Es wird viel gebaut. In den 25 Jahren zwischen 1890 und 1914 erhält Berlin weitgehend das heutige Aussehen. Dabei wächst der Bedarf an billigem Wohnraum schneller als neue Quartiere hochgezogen werden können und die Finanzkraft der Massen bleibt allzu gering. Zwei Drittel aller Volksschüler besitzen kein eigenes Bett, bringt eine Untersuchung 1905 an den Tag, fast 800 000 Berliner 1905
leben mit ihrer Familie in einem einzigen Raum. Im Norden und Osten der Stadt liegt die Säuglingssterblichkeit bei 22 % – 30 %.

Das Riesenkonglomerat wird uneinheitlich verwaltet. Von Regierungsseite wird das Gebiet der Hauptstadt bewusst klein gehalten, seit 1861 durften sich die Stadtgrenzen fast nicht verändern. Man möchte die liberale und, was die Arbeitermassen angeht, sozialistische Stadt nicht noch größer werden lassen. Das führt dazu, dass die Randgemeinden wachsen: 1898 wohnen allein in Schöneberg 100 000 Menschen, aber auch Charlottenburg, Rixdorf (heute Neukölln), Lichtenberg, Spandau und Wilmersdorf wachsen zu eigenen Großstädten heran. Ständig erschließen private und halbprivate Gesellschaften neue Siedlungsgebiete. Die Bevölkerung der Randgemeinden verzehnfacht sich zwischen 1895 und 1910. Mit Beginn des neuen Jahrhunderts wird der Zusammenschluss des riesigen Gebietes diskutiert. Für viele große selbstständige Gemeinden ist das Aufgehen in einem Groß-Berlin eine Schreckensvorstellung: Bei der Grundsteinlegung für das gewaltige Spandauer Rathaus im April 1911 ruft der Redner: »Mög' schützen uns des Kaisers Hand, vor Groß-Berlin und Zweckverband.«

Am Lützow- und am Wittenbergplatz und von dort entlang der Straßenzüge Tauentzienstraße und Kurfürstendamm entsteht um die Jahrhundertwende der »Neue Westen« (im Gegensatz zum großbürgerlichen »Alten Westen« vor dem Potsdamer Tor). In den neuen Vierteln sind die Fassaden überladen geschmückt, aber die Wohnungen sind modern: Elektrisches Licht, Dampfheizung, Badezimmer und Telefon sind selbstverständlich, zum »Hinterhaus« sagt man hier vornehm »Gartenhaus«. Auch in Charlottenburg, etwa vom »Knie« (Ernst-Reuter-Platz) zum Reichskanzlerplatz (Theodor-Heuss-Platz) und in Steglitz entstehen großzügige Wohnhäuser entlang eigens geschaffener »Prachtstraßen«. Alle diese Gebiete werden privat entwickelt, oft unter großem Risiko, für viele der teuren Wohnungen gibt es zunächst jahrelang keine Mieter, viele Bauhandwerker gehen bankrott.

Staatliche und städtische Bauten entstehen weiter in großem Umfang: 1903 wird das lange geplante Stadthaus fertig gestellt, als Erweiterung des bereits zu klein gewordenen Roten Rathauses. Daneben werden Gerichtsgebäude, große Krankenhausanlagen und Schwimmbäder errichtet. Und bis heute stammen viele Schulgebäude der Innenstadtbezirke aus jener Zeit. 1914 entspricht der vorhandene Schulraum dann endlich dem Bedarf einer Millionenbevölkerung.

Vor allem im Zentrum, etwa entlang der Leipziger Straße, entstehen nach 1900 immer mehr große Warenhäuser: Jandorf, Hertzog, Jordan, Tietz und Wertheim. Der kathedralenartige Erweiterungsbau des Kaufhauses Wertheim am Leipziger Platz 1904 von Alfred Messel entworfen (kriegszerstört) schafft ein für Berlin völlig
1907 neues Einkaufsgefühl. 1907 entsteht am Wittenbergplatz, sozusagen am Eingang des Neuen Westens, das KaDeWe: »Kaufhaus des Westens«.

Die großen Industrien wandern in den Jahren um 1900 mehr und mehr an den Rand: Entlang der Spree und der Havel und entlang der Bahnlinien ist dort genug Platz für ausgedehnte Fabrikgelände und gleich mit gebaute Stadtteile, die dann die Namen der Arbeitgeber tragen, etwa Siemensstadt, Borsigwalde oder Spindlersfeld.

Die Bedeutung Berlins als Wissenschaftsstandort ist weiter gewachsen: 1902 wird der Nobelpreises gestiftet, sofort erhalten ihn mit dem Chemiker Emil Fischer und dem Historiker Theodor Mommsen (für Literatur!) zwei Wissenschaftler aus Berlin. 1901 wagt Max Planck, seit

1879 Professor für Physik an der Universität Unter den Linden, mit der Quantentheorie den ersten Schritt zu einem völlig neuen physikalischen Weltbild. 1910 ist die Berliner Universität mit fast 10 000 Studierenden – darunter seit kurzem auch einige Frauen – die größte Hochschule des Reiches. Um für eine Forscher-Elite optimale Bedingungen zu schaffen, errichtet man 1911 – mit einer großzügigen Spende aus der kaiserlichen Privat-Schatulle – im Villenvorort Dahlem die Institute der Kaiser-Wilhelm-Gesellschaft. 1914 gelingt es, Albert Einstein hierher zu verpflichten.

Auch die Philologien, die Kunstwissenschaft und die Archäologie blühen. Die Sammlungen auf der Museumsinsel werden großzügig erweitert. Die Berufung von Wilhelm von Bode zum Generaldirektor der preußischen Museen 1906 erweist sich dabei als Glücksgriff. Es entstehen neue Bauten: das Kaiser-Friedrich-(heute: Bode-) und das Pergamonmuseum.

Die deutsche Hauptstadt ist ein gesellschaftliches Laboratorium: Arbeiterstadt selbstverständlich, aber es bilden sich hier auch ganz neue Schichten wie die Angestellten und die technische Intelligenz. Ungeachtet dessen gibt der Offizier gesellschaftlich den Ton an, ihm ordnet sich gegebenenfalls alles unter. Wie sehr, wird am 16. Oktober 1906 deutlich, als es dem Kriminellen Wilhelm Voigt gelingt, nur mit einer Hauptmannsuniform vom Trödler ausgestattet, Bürgermeister und Kämmerer der Stadt Köpenick zu verhaften und sich in den Besitz der Stadtkasse zu setzen. Den Zeitgenossen kommt das Ereignis so charakteristisch vor für die Berliner (und deutschen) Verhältnisse, dass das Gelächter allgemein und europaweit zu hören ist.

Immer mehr wird Berlin zur entscheidenden deutschen Theater- und Musikstadt. 1910 spielen in der 1910
Saison jeden Abend 30 Bühnen. Richard Strauss leitet von 1898 bis 1912 die Hofoper (darf allerdings die eigenen – modernen – Werke dort nicht aufführen), Ferrucio Busoni lehrt an der Musikhochschule, Enrico Caruso gastiert zwischen 1906 und 1913 nicht weniger als 27 Mal in der Stadt.

1905 kommt Max Reinhardt als Intendant an das Deutsche Theater und überrascht die Hauptstadt in den folgenden Jahren mit einer Aufführungspraxis, die moderne Mittel der Illusionsschaffung einsetzt. Reinhardt hat erkannt, welche Möglichkeiten in der Elektrizität stecken: Er setzt Drehbühnen in Bewegung und erzielt mit modernen Scheinwerfern neue Lichtwirkungen.

Die Unterhaltungsbranche boomt. Unter den Linden entsteht das erste Kabarett, »Schall und Rauch«. Tausende Besucher kommen Jahr für Jahr vor allem aus den östlichen Provinzen: Hinterpommern, Ost- und Westpreußen, Posen zu Besuch und wollen etwas erleben. Es ist die Zeit der Operetten von Paul Lincke und Walter
1913 Kollo, der volkstümlichen Coupletsänger Claire Waldoff und Otto Reutter. Das »Apollo-Theater« bietet bereits moderne Shows. Zwei große Zirkusse, Busch und Schumann, spielen in festen Häusern. Populäre Konzerte finden im Prater statt, im Kroll-Garten und im Zoo. Seit 1890 gibt es für die bildungsbeflissenen Arbeiter den Volksbühnenverein, der seinen Mitgliedern preiswerte

Bodemuseum auf der Museumsinsel

Theaterbesuche ermöglicht. 1913 kann er sogar mit dem Bau eines eigenen großen Theaters beginnen.

Fragen des Verkehrs und der Kommunikation spielen eine wichtige Rolle. Hunderttausende pendeln täglich aus den Nachbarstädten und Randgemeinden nach Berlin und in umgekehrter Richtung. Neben Ring- und Stadtbahn wird der Verkehr zu einem Großteil durch die »Elektrische« bewältigt, die Straßenbahn. 1902 wird die letzte Pferdebahnlinie eingestellt. 1912 befördert die Große Berliner Straßenbahn Gesellschaft bereits 388 Millionen Fahrgäste. Ein neuer Typ innerstädtischer Elektro-Bahn fährt ab 1902: Die U-Bahn. Um die Linienführung wird erbittert gerungen, von der U-Bahnanbindung hängen die Grundstückspreise entlang der Trasse ab. In kurzen Abständen werden neue Linien eröffnet, hauptsächlich im Westen.

Das Automobil ist noch etwas Exotisches. 1893 schafft sich das böhmische Brauhaus einen LKW an, der zweite, der überhaupt von Daimler produziert wird. 1903 immerhin gibt es bereits die erste Autobus-Linie. Der Kaiser liebt Autos, den Klang seiner Fanfare »Ta-Tüta-Ta« übersetzt Berlin: »Von-unserm-Geld«. Mit dem Kaufhauskönig Hertzog streitet sich Wilhelm II. um den Vorrang bei den Berliner Autonummern, wer darf mit dem Kennzeichen »1 A« durch die Stadt fahren?

Aber auch ohne Auto gibt es bereits regen Individualverkehr: Das Fahrrad ist von einem Sportgerät der bürgerlichen Jugend in den 80er Jahren zu einem Massenverkehrsmittel aller Schichten geworden. 1896 wird in Berlin der erste proletarische Fahrrad-Verein gegründet.

Berlin ist Zentrum vieler Reformbewegungen: Die Bodenreform-Bewegung kämpft für den Allgemeinbesitz von Land, das Genossenschaftswesen möchte den Wohnungs- und Siedlungsbau reformieren, andere Bestrebungen widmen sich der modernen Ernährung oder gesünderer Kleidung. Die Stadt als Lebensraum wird kritisch gesehen, ein neues Körperbewusstsein zeigt sich: Alles drängt an die Luft, ins Freie, an die Sonne. Reisende beschreiben erstaunt die ausgedehnten »Lauben«-Gebiete, in denen sich die Arbeiterfamilien am Sonntag erholen. Am Steglitzer Gymnasium gründen Schüler 1901 den »Ausschuss für Schülerfahrten« mit dem Namen »Wandervogel«.

Am Stadtbild Berlins sind diese Reformbestrebungen zu erkennen: Bis heute prägen Häuser der »Baugenossenschaften« ganze Straßenzüge, die den Mitgliedern bezahlbaren Wohnraum von hellerem, luftigeren Zuschnitt bieten. Das Gleiche gilt für »Gartenstädte« und Siedlungen, in denen die Bewohnern gesünder leben sollen. Parks und Sportanlagen entstehen und Clubheime entlang der Gewässer.

Nachdem der Kaiser am 1. August 1914 die allgemeine Mobilmachung angeordnet hat, geht das Leben der Stadt zunächst einfach weiter, die Theater spielen, die avantgardistischen Zeitschriften für Literatur und Kunst erscheinen nach wie vor, es wird auch noch gebaut, das große Arbeitertheater etwa, die Volksbühne, wird 1916 fertig gestellt, zahlreiche Schulen und andere öffentliche Gebäude werden noch ihrer Bestimmung übergeben. Dann gehen nach und nach die Lichter aus.

1916 endlich darf über dem Portal des Reichstags die Inschrift erscheinen »DEM DEUTSCHEN VOLKE«. Zu spät. Damals demonstrieren bereits Tausende auf den Berliner Straßen gegen den Krieg und gegen die Regierung. Es wird bitter gehungert (mehr als später im 2. Weltkrieg). 1917 streiken in Berlin bereits eine halbe Million Arbeiterinnen und Arbeiter. Verzweifelte Vorschläge werden gemacht: Berlins Glocken und Orgelpfeifen sollen eingeschmolzen, auf den städtischen Friedhöfen Kartoffeln angebaut werden. Deutschlands Regierung schleust sogar einen Revolutionär in das feindliche Russland: Der plombierte Waggon, in dem Lenin aus
1917 der Schweiz geholt wird, läuft am 11. April 1917 auf dem Potsdamer Bahnhof ein, wird über die Gleise der Stadtbahn zum Stettiner Bahnhof rangiert und dort an den Zug nach Stralsund gehängt.

1914 hatte Berlin mit Metropolen wie Paris und London auf vielen Gebieten gleichgezogen, sie auf einigen sogar überflügelt. Jetzt liegt es am Boden.

Geschichts-spuren

Neuer Westen:
Mietshaus am Kurfürstendamm (Charlottenburg, Kurfürstendamm Nr. 59–60, Ecke Leibnizstr.), errichtet 1905–07. Eckhaus mit eindrucksvoller Kuppel.
Einst selbstständige Städte:
Rathaus Spandau (Spandau, Carl-Schurz-Str. 2–8). 1913 eingeweiht, Sandsteinreliefs, hoher Turm; ursprünglich hatte die wohlhabende Industriestadt Spandau auch noch ein Theater im gleichen Stil auf der gegenüberliegenden Straßenseite geplant.
Repräsentative Bauten in Berlin:
Stadthaus (Jüdenstr., Klosterstr., Parochial- u. Stralauer Str.), 1902–11. Der Turm orientierte sich an den Gontard'schen Türmen auf dem Gendarmenmarkt.
Stadtgericht (Littenstr. 12–17), 1896–1905. Sehenswerte Eingangshalle mit beeindruckender Treppenanlage, neugotische, neubarocke und Jugendstilelemente mischend.
Kriminalgericht Moabit (Tiergarten, Turmstr. 89–93), 1902–06. Heute Landgericht. Auch hier ein beeindruckendes Treppenhaus, baulich raffinierte Einschüchterungsarchitektur.
Schulen und soziale Einrichtungen:
Haus des Lettevereins (Schöneberg, Viktoria-Luise-Platz 6) 1901–02 errichtet als Schulgebäude für die – damals neue – Berufsausbildung von Mädchen.
Victoria-Luise-Lyzeum (Wilmersdorf, Gasteiner Str. 21–22), 1903–04. Mit umfangreichem Bauschmuck. Heute Goethe-Gymnasium.
Warenhäuser:
Kaufhaus Mädler (Friedrichstr. 58, Ecke Leipziger Str. 29), 1908, Figurenschmuck, nur das Äußere erhalten.
KaDeWe (Schöneberg, Tauentzienstr. 21–24), Gründung Adolf Jandorfs, zunächst auf fünf Etagen mit 24 000 qm Verkaufsfläche, später aufgestockt und stark verändert.
Museumsinsel:
Kaiser-Friedrich-(heute Bode-)Museum, 1904 fertig gestellt, **Pergamonmuseum,** Baubeginn 1910, erst 1930 vollendet.
Verkehrsbauten:
Die U-Bahnhöfe zwischen Wittenbergplatz und Warschauer Str.

Kinos:

Union Palast später Filmbühne Wien, (Charlottenburg, Kurfürstendamm 26) 1913, derzeit kein Kino mehr.

Reformbewegungen:

Siedlung »Freie Scholle«, (Reinickendorf, Waidmannsluster Damm, Egidystr., Steilpfad, Schollenweg), 1899–1910, Architekt war Gustav Lilienthal, der Bruder des Flugpioniers Otto.

Volksbühne (Rosa-Luxemburg-Platz 2–3) 1913–16, durch Oskar Kaufmann errichtet.

Gartenstadt Staaken (Spandau, Staaken), 1914–17, entworfen von Paul Schmitthenner.

Hauptmann von Köpenick:

Der Ort des Geschehens, das neu-gotische **Rathaus Köpenick,** damals brandneu, zwei Jahre vor dem Coup des falschen Hauptmanns fertiggestellt, steht unverändert in Köpenick (Alt Köpenick 21–29), man kann sich sogar noch das Bürgermeisterzimmer und den einst geplünderten Tresor zeigen lassen.

S-BAHN, RUNDFUNK, WOHNUNGSBAU

Das Kaiserreich geht am 9. November 1918 unter. Sechs Tage vorher haben die Matrosen in Kiel gemeutert, der Aufstand verbreitete sich binnen weniger Tage über ganz Deutschland. Am Morgen des 9. November kommt 1918 es zum Generalstreik in den Betrieben. Der Reichskanzler, Prinz Max von Baden, gibt die Abdankung des Kaisers bekannt.

Am Nachmittag wird dann gleich zweimal die Republik ausgerufen: Am Mittag gegen zwei Uhr verkündet Philipp Scheidemann von den Stufen des Reichstags aus die »Deutsche Republik«, zwei Stunden später ruft Karl Liebknecht vom Balkon des Schlossportals am Lustgarten die »Freie Sozialistische Republik Deutschland« aus. Am folgenden Tag werden im Zirkus Schumann von 7 000 Teilnehmern Arbeiter- und Soldatenräte gewählt. Die Entscheidungsgewalt über die Stadt Berlin liegt ab sofort in den Händen von vier »Volksbeauftragten«. Die städtische Verwaltung arbeitet unter der neuen Leitung weiter wie zuvor.

Zu Beginn des neuen Jahres rufen radikale Kräfte den Generalstreik aus und erheben sich am 5. Januar im »Spartakusaufstand« gegen die Regierung. Eine Woche lang wird rund um das Polizeipräsidium und um die Verlagsgebäude im Zeitungsviertel der südlichen Friedrichstadt gekämpft. Rechts stehende Offiziere ermorden während dieser Tage zwei führende Gestalten der wenige Tage zuvor gegründeten KPD, Karl Liebknecht und Rosa Luxemburg.

Die gemäßigte SPD gewinnt die Wahlen zur verfassunggebenden Nationalversammlung. Die Beratungen darüber, wie die künftige Republik aussehen soll, werden wegen der Berliner Unruhen nach Weimar ausgelagert (»Weimarer Republik«).

Als es im März 1919 in Berlin erneut zum Generalstreik kommt und die Kommunisten zum Sturz der Regierung aufrufen, setzt diese Militär ein. Die folgenden Straßenschlachten werden grausam geführt, unter anderem feuern die Soldaten in die Fenster der Arbeiterbezirke, am Schluss sind 1 200 Opfer zu beklagen.

Im Jahr darauf, am 13. März 1920, erfolgt ein Putsch von rechts. Vom Truppenübungsplatz Döberitz, westlich von Spandau, marschiert der Garde-Kapitän Erhardt mit 6 000 Mann über die Heerstraße in Berlin ein. An der Spitze der Aufrührer stehen der rechtskonservative Politiker Kapp und der General Lüttwitz. Die Reichsregierung weicht nach Süddeutschland aus. Die Linke ruft zum Generalstreik, Berlin handelt geschlossen: Der Verkehr und die Versorgung mit Strom und Gas kommen zum Erliegen. Nach einem Tag bricht der Putsch zusammen. Die Republik hat einen Sieg errungen.

Seit dem 24. Januar 1919 ist in Preußen das Drei-Klassen-Wahlrecht abgeschafft: Jede Stimme zählt gleich. Auch Frauen dürfen jetzt wählen. Bei der Wahl erhalten sozialdemokratische Parteien zwei Drittel der Stimmen. Und unter den 144 Stadtverordneten sind zum ersten Mal auch 25 Frauen.

Für Berlin bringt die neue sozialdemokratische Mehrheit eine wirklich revolutionäre Änderung: Am 27. April
1920 1920 wird – gegen die Stimmen der Bürgerlichen – das »Gesetz über die Bildung einer neuen Stadtgemeinde Berlin« beschlossen. Sieben Städte (Charlottenburg, Wilmersdorf, Schöneberg, Neukölln, Lichtenberg, Köpenick und Spandau), 59 Dörfer und 27 Gutsbezirke werden mit Berlin zu Groß-Berlin zusammengeschlossen: 87 000 Hektar Fläche und 3,8 Millionen Einwohner machen die deutsche Hauptstadt zu einer der größten Städte der Welt. Die Einteilung in 20 Verwaltungsbezirke soll das Agglomerat regierbar machen.

Die Lebensverhältnisse bleiben vor allem durch die galoppierende Geldentwertung katastrophal. Streiks sind an der Tagesordnung, politische Morde ebenfalls. Das spektakulärste Verbrechen geschieht 1922 in Berlin: In der Koenigsallee in Grunewald wird der deutsche Außenminister Walther Rathenau von rechten Offizieren auf offener Straße erschossen.

Erst als zum Jahresende 1923 die Einführung einer stabileren Währung, der Rentenmark, gelingt, normalisieren sich die Verhältnisse halbwegs.

1924 beginnen für die Hauptstadt Berlin kurze Jahre

der Prosperität, die berühmten »Goldenen 20er«. Die Steuereinnahmen steigen von 621 Millionen im Jahr 1925 auf 1,03 Milliarden 1928. Berlin wird zu einem Ort 1925
für alles Neue, einer Werkstatt der Moderne. Ein neues Lebensgefühl wird spürbar, aber auch die Stadt selbst ändert sich:

Bis 1930 entstehen 135 000 neue Wohnungen, die meisten in der Nähe der großen Industrieareale am Rande des Weichbildes oder sogar noch weiter in den Vororten und Randlagen, dort ist der Baugrund billiger. Genossenschaften und gemeinnützige Wohnungsbaugesellschaften werden gefördert, die Bauordnung wird geändert: Hinterhöfe und Seitenflügel dürfen nicht mehr errichtet werden. Die Blöcke gruppieren sich um grüne Innenhöfe oder stehen in Zeilenform auf parkartig angelegten Flächen. Die Wohnungen sind klein, aber sie verfügen über Bäder und Balkone. Einige der Architekten werden weltberühmt: Walter Gropius, Erich Mendelsohn, Otto Bartning, Bruno Taut und Hans Poelzig. Stadtbaurat ist Martin Wagner.

Die Arbeitslosigkeit ist hoch. Um Menschen in Arbeit zu bringen, gibt die Stadt in den kommenden Jahren 35 Millionen Mark für Notstandsarbeiten aus. Große Volksparks werden damit gestaltet, wie Jungfernheide in Siemensstadt oder Rehberge im Wedding.

Die verwaltungsmäßige Einheit der Riesenstadt ermöglicht endlich auch, die Infrastruktur mit Hilfe einheitlicher kommunaler Unternehmen zu ordnen: Die Bewag baut das Stromnetz aus und errichtet dazu Kraft- und Umspannwerke in markanter Bauweise. Die Gasag liefert das Gas, die Behala bewirtschaftet Häfen und Lagerhäuser, die Berliner Wasserwerke sichern die Wasserversorgung. Am spürbarsten aber für das alltägliche Leben wird 1928 der Zusammenschluss der zahlreichen Bus-, U-und Straßenbahngesellschaften zur BVG: Mit 400 Millionen Mark Grundkapital damals das »größte kommunale Unternehmen der Welt«.

Berlin wird zu einer Stadt des modernen Verkehrs. Stadt- und Ringbahn werden elektrifiziert. 1929 verkehren auf 230 Kilometern Strecke moderne, großfens-

Funkturm und Ausstellungshallen

Internationale Funkausstellung 1999
5. September
täglich 10.00 bis 18.00 Uhr
„Willkommen
zur Nummer Eins!“

trige Triebwagen. Ein ganz neues Verkehrsmittel, die Schnell-Bahn, abgekürzt: S-Bahn. Berlin hat sein Massenverkehrsmittel gefunden.

Auch der Individualverkehr wächst. Eine ganze Reihe Berliner Betriebe baut Autos und Motorräder, selbst ein Elektro-Konzern wie Siemens versucht sich auf diesem Zukunftsfeld. Neu sind die Versuche, Kleinwagen zu schaffen und das Autofahren auch geringer Verdienenden zu ermöglichen.

Nach und nach entwickelt sich von Berlin aus ein Luftverkehr. Das schon zur Kaiserzeit für Flugversuche genutzte Tempelhofer Feld wird Flughafen.

Bald verbindet ein ganzes Liniennetz Berlin mit deutschen, aber auch schon ausländischen Städten, zum Beispiel Prag. 1929

Kurz vor Weihnachten 1929 unterbietet ein neuartiger Luxus-Triebwagen der Deutschen Reichsbahn mit dem Namen »Fliegender Hamburger« die alten Fahrtdauern nach Hamburg: Vom Lehrter Fernbahnhof braucht er genau zwei Stunden und zweiundzwanzig Minuten zum Hamburger Hauptbahnhof.

Das neue Lebensgefühl macht sich vor allem in der Unterhaltungs- und Vergnügungsindustrie geltend, im Film und in den Filmtheatern, den Revuen, den Tanzbars (die jetzt »Dielen« heißen), in revolutionären Formen des Theaters, des Kabaretts und im Journalismus.

Sport wird zum Massenspektakel, während man ihn um 1900 als Betätigung entdeckt hatte, wird er jetzt zum Schauspiel: Zu Trab-, Sechstage- oder Autorennen (1921 wird die AVUS zur Rennstrecke), zu Fußballspielen und vor allem zu den (früher verbotenen) Boxkämpfen kommt sogar Prominenz aus Kultur und Politik.

Berlins Lebensgefühl siedelt in der Gegend am Zoo, rund um den Kurfürstendamm, der von einer mondänen Wohngegend zur Vergnügungsmeile wird. Riesige Leuchtreklamen faszinieren Einheimische wie Fremde und im übrigen Deutschland wird »Kurfürstendamm« zum Sinnbild für alles Unsolide, häufig als »ungesund« Empfundene, etwas das die Verächter gern als »Asphalt«-Literatur oder -Kultur bezeichnen.

35 Bühnen spielen jeden Abend. Max Reinhardt lässt den Zirkus Schumann von Hans Poelzig zum »Großen Schauspielhaus« umbauen mit 2 000 Plätzen. Neben Klassikern und den Dramatikern des Naturalismus wie Gerhart Hauptmann werden zeitgenössische Autoren gespielt, die fast alle damals eine Zeit lang in Berlin leben, wie Bertolt Brecht, Arnolt Bronnen, Georg Kaiser oder Carl Zuckmayer.

12 Opern gelangen in diesen Jahren in Berlin zur Uraufführung, mehr als zuvor in einem ganzen Jahrhundert. Die Staatsoper (Dirigenten Erich Kleiber und Leo Blech) bespielt jetzt ein weiteres Haus, die Kroll-Oper (unter Otto Klemperer) gegenüber dem Reichstag. Wilhelm Furtwängler leitet seit 1922 die Berliner Philharmoniker. Paul Hindemith und Ernst Krenek lehren an der Hochschule für Musik. Das Angebot an Kammerkonzerten während der Wintersaison ist kaum noch überschaubar.

1923 beginnt in Berlin mit der »Funkstunde« das Rundfunkwesen in Deutschland. Anfangs sendet man vom Foxhaus am Potsdamer Platz aus, Ende der 20er Jahre wird das Funkhaus an der Masurenallee gebaut. 1924 entsteht gegenüber ein 150 Meter hoher Sendemast mit Restaurant und Aussichtsplattform, der Funkturm.

Das Geschäft mit den Tagesneuigkeiten wird von 135 Berliner Tages- und Wochenzeitungen betrieben. Es gibt neben den morgendlichen Abonnementszeitungen Blätter für jede Tages-, ja sogar Nachtzeit. Die Weimarer Jahre werden zur großen Zeit der Kritik, mit wahren Stars des geschriebenen Wortes wie Alfred Kerr oder Herbert Ihering.

Auch der Film wird jetzt von der Kritik beachtet, er hat sich zu dem Unterhaltungsmedium schlechthin entwickelt. Berliner Ateliers produzieren Filme in großer Zahl und östlich der Stadtgrenze in Woltersdorf werden Abenteuer- und Historienfilme mit einem nicht gekannten Aufwand an Ausstattung und Kulissen gedreht. In den Filmtheatern rund um die Gedächtniskirche wird die Vorführung der noch stummen Streifen zum Teil von großen Orchestern begleitet. 1929 dann ist der Film auf einmal nicht mehr stumm. Und mit Marlene Dietrich besitzt der junge Tonfilm auch sofort einen weiblichen Star, der sogar in Berlin geboren ist.

Noch bevor der berühmte »Schwarze Freitag« der New Yorker Börse im Herbst 1929 die deutsche Wirtschaft endgültig in die Krise stürzt, geht es nach den kurzen Boomjahren in Berlin wirtschaftlich wieder bergab. Die Arbeitslosenzahlen steigen erneut: Bereits im Frühjahr 1929 liegen sie bei 233 000. Auch die Wohnungsnot ist weiter groß; 180 000 Menschen leben zum Beispiel in illegal angelegten Laubensiedlungen.

Streiks und politische Krisen nehmen zu. Am 1. Mai 1929 kommt es im Anschluss an die – verbotene – Demonstration der KPD zu Kämpfen zwischen linksgerichteten Arbeitern und der Polizei vor allem in Wedding, Neukölln und Friedrichshain. Am Ende der tagelangen Barrikadenkämpfe sind 29 Tote zu beklagen.

Bei den Kommunalwahlen 1929 erhalten die Kommunisten 56 Sitze, die Sozialdemokraten bleiben mit 64 Abgeordneten stärkste Fraktion. Die Nationalsozialisten nehmen jetzt immerhin schon 13 Sitze im Stadtparlament ein. Seit 1926 ist Josef Goebbels »Gauleiter« von Berlin. Mit Saalschlachten bringt er die Partei in die Medien; 1927/28 war die NSDAP ein Jahr lang verboten, das hatte die Bekanntheit erhöht. Ein leibhaftiger Hohenzollernprinz, Sohn des letzten Kaisers, tritt in die SA ein und hilft, die Nazis salonfähig zu machen.

In der Industriestadt Berlin schließen immer mehr Betriebe. 1931 stellen nach einer Reihe von Bankpleiten auch die Berliner Geldhäuser zeitweise die Zahlungen ein. Die Stadt Berlin – seit März 1931 mit geänderter Verfassung, die dem Oberbürgermeister mehr Rechte einräumt – versucht verzweifelt und erfolglos, etwa durch den Verkauf der BVG Geldmittel in die Hand zu bekommen.

Im Reich wird Berlin gern als Stadt des Verbrechens und der Skandale gesehen. Die »Brüder Sass« machen mit spektakulären Tresoreinbrüchen Furore. Im Herbst 1929 kommt es zu einem Korruptionsskandal um den Berliner Oberbürgermeister Böß, der monatelang die

Presse beschäftigt und zum Rücktritt des Stadtoberhauptes führt. 1929 erscheint ein Roman, der sofort viel Erfolg hat, schnell verfilmt wird und ein Stück Berlin unsterblich macht: »Berlin Alexanderplatz« von Alfred Döblin. In einem anderen Berliner Roman, »Fabian« von
1931 Erich Kästner, erschienen 1931, heißt es über die Stadt: »Im Osten residiert das Verbrechen, im Zentrum die Gaunerei, im Norden das Elend, im Westen die Unzucht, und in allen Himmelsrichtungen wohnt der Untergang«. Die kurze Glanzzeit nach der Katastrophe des 1. Weltkriegs ist zu Ende.

Geschichtsspuren und Schauplätze

Ausrufung der Republik. Die DDR hat das **Schlossportal,** von dem aus Liebknecht die sozialistische deutsche Republik ausgerufen hat, abtragen lassen, als das Schloss 1950/51 abgerissen wurde, und es 1964 in den Bau des Staatsratsgebäudes (Schlossplatz 1) integriert.
Kämpfe im Zeitungsviertel. Von dieser Bebauung der südlichen Friedrichstadt zur Zeit der Spartakuskämpfe ist nicht mehr viel vorhanden. Der Sitz der »Tageszeitung«, TAZ, in der Kochstr. 18 zeigt immerhin ein typisches Geschäftshaus (1909).
Kappputsch. Im Havelland, jenseits der Stadtgrenze im Bezirk Spandau auf der Verlängerung der Heerstraße (B 5), sind noch immer die einstigen Kasernengelände des Döberitzer Truppenübungsplatzes links und rechts zu erkennen.
Ermordung Walter Rathenaus. Am Ort der Tat in der Kurve der Koenigsallee in Grunewald erinnert ein Gedenkstein an den Ermordeten.
Siedlungsbau:
Die **Hufeisensiedlung** in Britz (Neukölln, zwischen Buschkrug- und Parchimer Allee, nahe der Fritz-Reuter-Allee) wurde 1925–27 nach Entwürfen von Bruno Taut errichtet.
Die **Waldsiedlung Zehlendorf** (um den U-Bahnhof Onkel Toms Hütte). Über zweitausend Wohnungen, 1926–32 von Bruno Taut und Hugo Häring.
Die **Ringsiedlung Siemensstadt** (Grenze Spandau/Charlottenburg, Jungfernheideweg, Goebelstr., Heckerdamm)

1929–32 von Architekten der Vereinigung »Ring« entworfen unter der Leitung von Hans Scharoun und Martin Wagner.

Als Arbeitsbeschaffungsmaßnahme angelegte Parks:

Volkspark Jungfernheide (Charlottenburg, Jungfernheideweg, Heckerdamm), 1920–27 nach Entwürfen von Erwin Barth.

Volkspark Rehberge (Wedding, u. a. Transvaalstr., Afrikanische Str.) 1922–28 durch Rudolf Germer und Erwin Barth.

Elektrische Versorgung:

Großkraftwerk Klingenberg (Lichtenberg, Köpenicker Chaussee) 1926, Georg Klingenberg.

Umspannwerk (Paul-Lincke-Ufer 20–22), 1926 von Hans Heinrich Müller, der seinerzeit alle Bewag-Bauten entworfen hat.

Amüsement und Unterhaltung am Kurfürstendamm:

Nr. 153–56: **Universum-Kino** (heute Theater), 1926–28 nach Entwurf von Erich Mendelsohn.

Nr. 20a, **Theater am Kurfürstendamm, Komödie am Kurfürstendamm** (im Innern noch Details der ursprünglich von Oskar Kaufmann entworfenen Theater)

Nr. 236, ehemaliges **Kino Marmorhaus** an der Gedächtniskirche

Das neue Medium Rundfunk:

Funkturm (Charlottenburg, Eingang Masurenallee), 1924–26 errichtet von Friedrich Straumer, als Hochantenne. Von oben blickt man auf das **Rundfunkhaus** an der Masurenallee (1929–31 von Hans Poelzig).

Verkehr:

Den **S-Bahnhof Westkreuz** (1928, verändert), an dem sich Stadt- und Ringbahn treffen, die **AVUS** mit Tribünen und Mercedeshaus (30er Jahre).

OLYMPIA, TERROR, UNTERGANG 1933–1945

Am Abend des 30. Januar 1933, an dem der Reichspräsident von Hindenburg Adolf Hitler zum Reichs-
1933 kanzler ernannt hat, zieht die SA in einem Fackelzug durch die Innenstadt und durch das Brandenburger Tor. Schon Tage später wird die Pressefreiheit eingeschränkt, am 8. Februar die Berliner Stadtverordnetenversammlung aufgelöst.

Am 27. Februar brennt der Reichstag. Ein geistig verwirrter holländischer Kommunist wird als Täter präsentiert. Nutznießer des Brandes ist Hitler. Er lässt sich vom Reichspräsidenten mit dem Hinweis auf die terroristische Gefahr mit weitreichenden Vollmachten versehen. Die verfassungsmäßigen Rechte werden außer Kraft gesetzt. Jetzt beginnt der Terror gegen alle, die dem neuen Regime missliebig sind. Viele prominente Künstler und Wissenschaftler fliehen ins Ausland.

Nach den Reichstagswahlen Anfang März wird am 12. März die Stadtverordnetenversammlung Berlins neu gewählt. SPD und KPD besäßen gemeinsam auch jetzt noch die absolute Mehrheit, Berlin wählt trotz Hitler rot. Die 44 Kommunisten werden jedoch kurzerhand ausgeschlossen und so kann die Rechte (NSDAP und Deutschnationale) eine knappe Mehrheit für sich verbuchen. Die NSDAP allein hat nur 86 der 225 Sitze erreicht.

Drei Tage später, am 15. März, wird der Berliner Magistrat aufgelöst, der Fraktionsführer der Nazipartei in der Stadtverordnetenversammlung dafür zum Staatskommissar ernannt. Eine eigenständige Berliner Kommunalpolitik gibt es nicht mehr. Bis zur Kapitulation 1945 wird Josef Goebbels zur bestimmenden Gestalt der »Reichshauptstadt«.

Am 24. März stimmt eine Mehrheit im Reichstag dem »Ermächtigungsgesetz« zu. Das Gesetz hebt die verfassungsmäßige Kontrolle auf und gibt Hitler freie Hand für eine Willkürherrschaft. Die SA verhaftet nun missliebige Leute, schleppt sie in ihre »Sturmlokale«, foltert sie und bringt viele um. Nördlich Berlin entsteht in Sachsenhausen bei Oranienburg das erste »Konzentrationslager«. In der Woche vom 20. zum 27. März, der »Köpenicker Blutwoche«, verhaftet die SA mehrere Hundert Köpenicker Bürger, von denen 24 ermordet werden.

Mit Spannung wird allgemein der 1. Mai erwartet, der traditionelle Tag der Arbeiterbewegung: Die Nazis organisieren eine Maikundgebung für alle Berliner Betriebe auf dem Tempelhofer Feld. Der 1. Mai wird zum offiziellen Feiertag ernannt. Drei Wochen später erfolgt das Verbot der SPD, die Gewerkschaften werden aufgelöst.

An den Berliner Hochschulen, vor allem an der TH Charlottenburg, haben SA-Studenten seit langem das Sagen. Am Abend des 10. Mai werden auf dem Platz gegenüber der Friedrich-Wilhelms-Universität Bücher nicht genehmer Autoren verbrannt. Im Herbst 1933 sind bereits 117 jüdische Lehrkräfte von den Hochschulen vertrieben, von den 40 Synagogen der Stadt bestehen nur noch 19. In Berlin wird eine geheime Staatspolizei gegründet (Gestapo).

Zwar verkündet Goebbels, er wolle innerhalb von sechs Jahren die Wohnungsnot in Berlin beseitigen, tatsächlich werden aber weniger Wohnungen gebaut als Kasernen. Das »Reichsluftfahrtministerium« Görings wird 1935 begonnen, der »Nord-Süd-Tunnel« der S-Bahn eröffnet, ebenso die Deutschlandhalle und die »Luftkriegsakademie« in Gatow. Der Autobahnbau (nach vorhandenen Plänen) und die beginnende Aufrüstung schaffen Arbeitsplätze.

Lange vor den Nazis war Berlin zum Austragungsort der XI. Olympiade gewählt worden. Nach anfänglichem Zögern beschließt Hitler, die Veranstaltung zu nutzen, um den Ruf des Regimes international aufzubessern. Auf dem Olympiagelände in den Pichelsbergen entstehen beeindruckende Anlagen, geschmückt mit heroischen Plastiken im Geschmack des Regimes.

Am 1. August 1936 marschieren Sportlerinnen und 1936
Sportler aus 49 Nationen in das neuerbaute Olympiastadion, manche wie die Mannschaft Frankreichs grüßen dabei mit erhobenem Arm. Hetzpropaganda und Diskriminierung jüdischer Deutscher tritt auf Befehl von Goebbels für die Dauer der Spiele in den Hintergrund.

Bei den Wettkämpfen gewinnt Deutschland 42 Goldmedaillen. Die USA bringen es nur auf 35. Der Anteil der Berliner unter den Olympiasiegern ist hoch: 17 der Gold-, 19 der Silber- und 18 der Bronzemedaillen.

1937 wird der junge Architekt Albert Speer »Generalbauinspekteur der Reichshauptstadt«. Berlin soll nach dem Willen Hitlers zur 10 Millionen-Hauptstadt des künftigen Weltreiches Deutschland werden, neuer Name der Stadt: »Germania«. Eine »Halle des Volkes« soll 150 000 »Volksgenossen« fassen. Die Bauvorbereitungen beginnen sofort. Bis heute deutlich im Stadtbild erkennbar ist die »Ost-West-Achse«, der damals verbreiterte Straßenzug vom Brandenburger Tor bis zum Theodor-Heuss-Platz mit den von Speer entworfenen Doppellaternen.

Auch unter den Nazis bleibt Berlin Wissenschafts-
1938 stadt. 1938 gelingt im Kaiser-Wilhelm-Institut für Chemie in Dahlem den beiden Forschern Otto Hahn und Fritz Straßmann zum ersten Mal der Nachweis einer Kernspaltung. Die daran maßgeblich beteiligte Lise Meitner hatte als Jüdin wenige Wochen zuvor fliehen müssen. Über eine waffentechnische Nutzung der neuen Kenntnisse denken Politiker und Militärs schnell nach. Bis Kriegsende arbeiten in Dahlem und im Berliner Umland Wissenschaftlergruppen ohne Erfolg an der Bombe.

Am 9. und 10. November 1938 werden in Berlin wie in ganz Deutschland jüdische Geschäfte und Wohnungen zerstört, Menschen verletzt, verhaftet und ermordet, Synagogen angezündet. Von ursprünglich über 160 000 Berliner Juden leben 1938 immer noch 140 000 in der Stadt. Jetzt setzt nicht nur eine Verhaftungswelle ein, sondern auch eine massive Flucht, im Mai 1939 hat sich die Zahl der jüdischen Berliner auf 39 000 verringert. Juden dürfen bestimmte Straßen der Innenstadt nicht mehr betreten, Theater, Kino, Konzerte, Museen sind ihnen verschlossen, Autofahren ist ihnen ebenfalls untersagt.

Als am 1. September 1939 der Krieg gegen Polen beginnt, hat die Reichshauptstadt 4,35 Millionen Einwohner. Am Ende des Krieges werden es nur noch halb so viele sein. Kriegsbegeisterung wie 1914 ist nicht zu spüren. Bereits 1940 gelingt es der Royal Air Force 22 Mal Berlin anzugreifen. Die Stadt verfügt erst über wenige Schutzräume. Schnell entstehen jetzt Bunker, darunter Großanlagen am Zoo, am Friedrichs- und am Humboldthain.

1941 kommt es zu ersten Deportationen jüdischer Berliner. Die englischen Bomber greifen jetzt auch nachts an. Für die Einwohnerschaft beginnen die Nächte in den für den Luftschutz ausgebauten Kellern der Mietshäuser. Im Juli greift Hitler Sowjetrussland an.

Am 20. Januar 1942 treffen sich in einer Villa am Wannsee hohe Polizei- und SS-Führer mit Verwaltungssachverständigen. Die »Wannseekonferenz« dient der logistischen Vorbereitung der Vernichtung aller in Europa lebender Juden.

1943 steigern die Westmächte die Luftangriffe. Ziel des Bombenkriegs ist es, die psychische Widerstandskraft des deutschen Volkes zu zerrütten. Nach dem Krieg werden amerikanische und britische Soziologen herausfinden, dass seinerzeit das Gegenteil erreicht wurde.

Mit der Niederlage bei Stalingrad im Januar 1943 kommt die Wende des Krieges. Am 18. Februar hält Goebbels vor Angehörigen Berliner Betriebe, darunter viele Siemens-Leute, im Sportpalast jene Rede, die die berüchtigte Frage enthält: »Wollt Ihr den totalen Krieg?«. Wenige Tage darauf, am 1. März, erfolgt der bis dahin größte Luftangriff auf Berlin. Im August wird Goebbels »Beauftragter für den totalen Kriegseinsatz« in der Hauptstadt.

1944

Das Jahr 1944 bringt noch einmal Steigerung der Luftangriffe. Am 17. Februar 1944 wirft die Royal Air Force 3 300 Tonnen Bomben über Berlin ab und mit dem 6. März beginnen auch Angriffe bei Tage durch die Amerikaner: Fast zweitausend Bomber fliegen – begleitet von über sechshundert Jägern – auf Berlin zu, um Industriewerke im Osten und Süden der Stadt zu zerstören. Ein Fehlschlag, was die anvisierten Ziele angeht, wegen dichter Wolken müssen die Angreifer die Bomben blind abwerfen.

Gedenkstätte Plötzensee

Am 20. Juli 1944 scheitert ein Putsch hoher Offiziere der Wehrmacht gegen Hitler. Der Versuch des Oberst Graf von Stauffenberg, Hitler im ostpreußischen Hauptquartier mit einer Bombe zu töten, misslingt. Noch am Abend des Tages bricht die Revolte in Berlin zusammen, vier Verschwörer, unter ihnen Stauffenberg, werden kurz nach Mitternacht im Hof des Oberkommandos des Heeres erschossen. In den folgenden Monaten folgen viele Festnahmen. Die Prozesse vor dem Volksgerichtshof und die Vollstreckung der Todesurteile ziehen sich fast bis Kriegsende hin. Über zweitausend Menschen sterben insgesamt in Plötzensee am Galgen.

Im September 1944 befiehlt Goebbels, die Theater zu schließen. Das Leben in der Stadt ist jetzt völlig vom Rhythmus der Fliegerangriffe bestimmt. Phosphorkanister verursachen Brände, nachfolgende Sprengbomben breiten diese aus. »Luftminen« vernichten nicht nur Häuser, sondern durch die Druckwelle der Explosion auch das Leben in einem größeren Umkreis. Heimtückische Zeitzünd-Mechanismen führen noch nach Stunden und Tagen zu unerwarteten Explosionen.

Die Alliierten – Amerika, England und Russland – kommen 1944 in London überein, Deutschland nach dem Sieg in Besatzungszonen aufzuteilen, je eine für jede Besatzungsmacht. »Das Territorium von Groß-Berlin, wie im Gesetz vom 27. April 1920 definiert«, aber soll von allen drei gemeinsam verwaltet werden. Das Nachkriegsschicksal Berlins zeichnet sich erstmals ab.

Derweil arbeiten Architekten- und Planergruppen Albert Speers weiter an den Plänen für »Germania«. Hitler verbringt oft Stunden mit seinem Architekten Speer vor Plänen und Modellen.

Im Februar 1945 wird Berlin zur Festung erklärt. Der 1945
erste Ring dieser Festung verläuft in einem Abstand von rund 40 Kilometern vom Zentrum, der zweite entspricht etwa den Stadtgrenzen, der dritte und letzte dem S-Bahn Ring. Am 26. Februar lädt die US-Luftflotte in einem einzigen Angriff fast dreitausend Tonnen Bomben über Berlin ab, am 18. März mehr als viertausend, das Meiste davon über dem Arbeiterbezirk Wedding. Trotz teilweise Hunderter schwerer Flugabwehrgeschütze ist eine wirkungsvolle Bekämpfung der Bomber während des gesamten Krieges nie gelungen, jetzt kommt die Abwehr fast vollständig zum Erliegen.

Am 15. April 1945 endet mit dem 378. Angriff der Luftkrieg gegen die deutsche Hauptstadt. Kein anderer Ort war so häufig Ziel alliierter Flugzeuge. Die russischen Truppen beginnen am Morgen des folgenden Tages um 3 Uhr die Eroberung Berlins mit einer Offensive an der Oder. Fünf Tage darauf – es ist der letzte Geburtstag Hitlers – eröffnet russische Artillerie die Beschießung der Stadt, die am 24. und 25. April von russischen Armeen eingeschlossen wird. Russische Bomber und Schlachtflieger greifen das Zentrum an. Der von Resten deutscher Wehrmacht gehaltene Innenstadtbereich schrumpft bis zum 30. April auf wenige hundert Meter zusammen. Hitler begeht Selbstmord im Bunker unter der Reichskanzlei, am Tag zuvor hatte er den Großadmiral Karl Dönitz zu seinem Nachfolger als Reichspräsident ernannt. Russische Soldaten hissen auf dem ausgebrannten Reichstagsgebäude die Sowjetfahne.

Am 2. Mai kapitulieren die letzten deutschen Truppen unter General Weidling in Tempelhof. Rund 70 000 Wehrmachtsangehörige gehen von Berlin aus in Gefangenschaft. Am 8. Mai wird in Karlshorst die Gesamtkapitulation Deutschlands unterzeichnet.

Die Eroberung der 80 Kilometer von der Oder bis zum Berliner Zentrum sollen die sowjetische Armee eine Million Soldatenleben gekostet haben. 300 000 sind auf deutscher Seite gefallen, 150 000 Berliner Zivilpersonen im ganzen Krieg umgekommen. Ein Siebtel der in Deutschland durch die Bomben angefallenen Trümmermenge liegt in Berlin: 87 Millionen Kubikmeter. Mehr als eine halbe Million Wohnungen ist unbewohnbar geworden, 70 % aller Brücken sind zerstört, desgleichen 70 % der Bahnhöfe und 40 % der Gleisanlagen.

GESCHICHTSSPUREN UND SCHAUPLÄTZE

Köpenicker Blutwoche:
Mahnmal (Köpenick, Platz des 23. April).
Stele von Walter Sutkowski.
Bücherverbrennung:
Mahnmal zur Erinnerung an die Bücherverbrennungen (Bebelplatz), 1994 von Micha Ullman: In den Boden eingelassener, durch Glasscheibe einsehbarer Raum mit leeren Bücherregalen.
Berliner Bauten der Nazidiktatur:
Reichsluftfahrtministerium (Leipziger Str. 5–7), 1935–36 durch Ernst Sagebiel als erstes Gebäude im damals gewünschten Stil errichtet.
Zentralflughafen Tempelhof (Tempelhof, Platz der Luftbrücke), ebenfalls von Ernst Sagebiel, der 1936–41 errichtete über einen Kilometer lange Bau mit einem 380 Meter langen Flugsteig galt früher als längstes Gebäude der Welt.
Ost-West-Achse (Tiergarten bis Charlottenburg, Straße des 17. Juni, Großer Stern, Charlottenburg, Bismarckstr., Kaiserdamm). Zwischen Großem Stern und Theodor-Heuss-Platz (ehem. Reichskanzlerplatz) säumen noch die von Albert Speer entworfenen Kandelaber den Straßenzug. Am Großen Stern wurde die zuvor vor dem Reichstag stehende Siegessäule um ein Trommelsegment erhöht auf

einen Sockel gestellt, die Tunnelanlage und die vier tempelartigen Tunneleingangsbauten stammen ebenfalls von 1938.

Olympiagelände (Charlottenburg). Keine Gründung der Nazizeit. Seit 1912 hatte man hier die Anlagen für die Olympiade 1916 errichtet, die dann wegen des Ersten Weltkriegs nicht stattfand. In den 20er Jahren wurden die Bauten des Deutschen Sportforums errichtet. Das heutige Stadion war für 100 000 Zuschauer der Olympischen Spiele von 1936 entstanden. Das von Walter March konzipierte Gelände mit Olympiastadion, Sportforum, Maifeld, Waldbühne, Schwimm- und Reiterstadion gilt als einheitlichste bauliche Selbstdarstellung des Regimes.

Kernspaltung:

Am ehemaligen Institut für Physikalische Chemie der Kaiser-Wilhelm-Gesellschaft (Zehlendorf, Dahlem, Faradayweg) wurden die entscheidenden Experimente in den Jahren 1937–38 durchgeführt.

Wannseekonferenz:

Die zuvor dem Industriellen Minoux gehörende Villa (Zehlendorf, Am Großen Wannsee 56–58) ist seit 1992 Gedenk- und Bildungsstätte.

20. Juli 1944:

Gedenkstätte Deutscher Widerstand. Im Hof des »Bendlerblocks«, befindet sich heute die Gedenkstätte Deutscher Widerstand (Tiergarten, Eingang von der Stauffenbergstr. 13–14).

Gedenkstätte Plötzensee. Im Hinrichtungsraum des Zuchthauses Plötzensee (Charlottenburg, Hüttigpfad) wurden zwischen 1933 und 1945 fast 3 000 Menschen ermordet.

Kapitulation 1945:

In dem Offizierskasino des Karlshorster Kasernenkomplexes (Lichtenberg, Karlshorst, Zwieseler Straße Ecke Rheinsteinstraße) wurde in der Nacht vom 8. auf den 9. Mai 1945 mit der Unterzeichnung der bedingungslosen Kapitulation der 2. Weltkrieg in Europa beendet. Heute Deutsch-Russisches Museum Berlin-Karlshorst.

DIE TEILUNG DER STADT

Die Eroberung Berlins durch die Rote Armee ist begleitet von Raub und Plünderungen, viele Berlinerinnen werden vergewaltigt. Gleichzeitig aber beginnt die russische Stadtverwaltung sofort dafür zu sorgen, dass die Bevölkerung zu essen hat, Wasser- und Energiesysteme repariert werden, Straßen-, U- und S-Bahnen wieder fahren. Die Maschinen der noch verbliebenen Industriewerke müssen von den Belegschaften für den Abtransport nach Russland demontiert werden. Die Bevölkerung wird zu Aufräumarbeiten kommandiert.

1945 Im Juli 1945 rücken die Engländer und Amerikaner in den Westteil der Stadt ein, wie auf den Kriegskonferenzen beschlossen. Es ist inzwischen jedoch eine weitere Macht dazugekommen. Am 1. Mai 1945 hat Frankreich die Abkommen unterzeichnet und die Franzosen erhalten eine eigene Zone im Südwesten Deutschlands und einen Sektor Berlins. Engländer und Amerikaner verzichten dabei auf Teile ihrer Berliner Gebiete zugunsten der später gekommenen Macht. Die Franzosen besetzen ihren Teil der deutschen Hauptstadt im August.

Der sowjetische Sektor umfasst die Stadtbezirke Mitte, Prenzlauer Berg, Pankow, Weissensee, Hohenschönhausen, Lichtenberg, Friedrichshain, Köpenick und Treptow, 40 % der Fläche Berlins mit einem Drittel der Bevölkerung. Die Amerikaner richten sich in Zehlendorf, Steglitz, Wilmersdorf, Tempelhof, Kreuzberg und Neukölln ein, die Engländer in Charlottenburg, Spandau und Tiergarten, die Franzosen in Wedding und Reinickendorf. Die vier Stadtkommandanten stellen von nun an bis 1990 die höchste Gewalt in Berlin dar, Regierungsgremium ist die »Kommandantura«, die Beschlüsse nur einstimmig fassen darf.

Vom 17. Juli bis zum 2. August findet vor den Toren Berlins, im Schloss Cecilienhof in Potsdam, die Konferenz der Sieger statt. Man beschließt unter anderem die Einrichtung des Alliierten Kontrollrats. Für die Sowjetunion verhandelt Stalin. Die USA und Großbritannien sind 1945 stark mit sich selbst beschäftigt. Beide haben nicht mehr die gleichen Führungen wie während des

Krieges. Die Aufmerksamkeit der USA ist während der Verhandlungen in Potsdam obendrein auf den immer noch andauernden Krieg mit Japan gerichtet; die letzte Entscheidung, die neue Atombombe einzusetzen, erfolgt in jener Babelsberger Villa am Griebnitzsee, die Präsident Truman während der Potsdamer Konferenz als Quartier dient.

Stalin dagegen verfolgt unabgelenkt von Beginn an eine Politik, die darauf zielt, seine Machtsphäre so weit wie möglich auszudehnen: in Osteuropa, in Deutschland und in Berlin.

Zu Beginn geht die westliche Seite noch von gleich gerichteten Interessen aller Siegermächte aus. Schon bald stellt sich das als Illusion heraus. Die Versorgung Berlins bereitet Probleme. Viele Menschen sind ausgebombt, Massen von Flüchtlingen aus Ostpreußen und Schlesien sind zusätzlich hier gestrandet. Es herrscht Hunger, die Sterblichkeit ist hoch. Die Sowjets setzen durch, dass die Westsektoren nicht aus dem Umland versorgt werden dürfen, sondern aus den westdeutschen Zonen. Das Gebiet von Neukölln bis Reinickendorf wird dadurch lange vor der tatsächlich vollzogenen Teilung zu einer Art separatem Land mit Versorgungslinien über 200 bis 300 Kilometer.

Zu einer der ersten großen Auseinandersetzungen zwischen Sowjets und Westalliierten wird die Vereinigung von KPD und SPD zur SED. Die mangelnde Einigkeit der Arbeiterparteien vor 1933 – so die weit verbreitete Überzeugung – hatte zum legalen Machtgewinn der Nationalsozialisten entscheidend beigetragen. Die Kommunisten propagieren nun mit diesem Argument die Vereinigung beider Parteien.

Im russischen Sektor Berlins und in der russischen Zone kommt es unter erheblichem – auch gewalttätigem – Druck der Besatzungsmacht zur Vereinigung der Arbeiterparteien zur Sozialistischen Einheitspartei Deutschlands = SED. In den Westbezirken, ohne diesen Druck, erhält die Vereinigung bei den Parteimitgliedern der SPD keine Mehrheit.

Das Urteil der Berliner Bevölkerung bringen die Wah-

Freiheitskundgebung am 9.9.1948 vor dem zerstörten Reichstagsgebäude

1946 len zum Stadtparlament im Oktober 1946. Die SED erhält trotz Propagandafeuerwerk (mit sowjetischer Unterstützung) keine 20 % der Stimmen, die SPD dagegen fast 49 %. Nicht einmal zur zweiten Kraft langt es für die Einheitssozialisten, denn auch die CDU verzeichnet noch fast drei Prozentpunkte mehr als die »Russenpartei«, wie viele Berliner die SED nennen.

In der Stadt tobt längst ein Propagandakrieg zwischen West und Ost. Zwar ist Anfangs Kritik deutscher Medien an den Siegermächten verboten, aber als sich

die Differenzen zwischen den Russen und den drei Westmächten häufen, beziehen auch die deutschen Medien immer unverhohlener Stellung.

Im Januar 1947 schließen die Westmächte die amerikanische und die britische Zone zur »Bizone« zusammen, später folgen die Franzosen und es entsteht die »Trizone«: im wesentlichen das Gebiet der späteren
Bundesrepublik. Am 20. Juni 1948 wird dort eine neue 1948
Währung eingeführt, die »D-Mark«. Die Russen führen zwei Tage später in der Ostzone und ihrem Sektor von Berlin ebenfalls eine eigene Mark ein und verlangen, ihre Währung müsse auch das neue Geld für die Westsektoren werden. Das würde die Auslieferung der Westbezirke an den Osten bedeuten. Amerikaner, Briten und Franzosen erklären ihrerseits die D-Mark aus Westdeutschland zum Zahlungsmittel in den Westsektoren Berlins. Am 24. Juni unterbricht die östliche Seite daraufhin die Stromversorgung der westlichen Stadthälfte. Vor allem aber werden keine Waren mehr durch die Ostzone in den Westteil Berlins durchgelassen: Blockade.

Auf Initiative des US-Militärgouverneurs Lucius D. Clay – und gegen große Bedenken der Politiker in Washington und London – läuft daraufhin die Luftbrücke an. Eine 2-Millionen-Stadt aus der Luft zu versorgen, ist ein kaum vorstellbares Unterfangen. Nicht nur Lebensmittel werden gebraucht, es müssen auch Kohlenvorräte für den Winter angelegt werden, für die Stromversorgung wird ein komplettes Kraftwerk eingeflogen. 213 000 Flüge finden statt, 1,7 Millionen Tonnen Güter werden transportiert, zwei Drittel davon Kohlen. Am 12. Mai 1949 gibt die sowjetische Seite die Zugangswege wieder frei, als sie einsehen muss, dass der Westen nicht nachgeben wird. 70 Piloten lassen ihr Leben während der 11 Monate dauernden Aktion. Die Luftbrücke lässt für die Westberliner endgültig aus Siegermächten »Schutzmächte« werden und wird zum großen Mythos der westlichen Teilstadt.

Inzwischen ist auch die deutsche Stadtregierung gespalten. Am 6. September war das Parlament im Stadthaus von kommunistischen Demonstranten gestürmt worden. Jene Abgeordneten, die nicht der SED angehörten, tagen von nun an im Westen, anfangs in der TU, später im Rathaus Schöneberg. Und am 9. September hatten sich über 300 000 Berliner vor dem Reichstag zu einer »Freiheitskundgebung« versammelt. Bürgermeister Ernst Reuter hielt seine berühmte Rede: »Ihr Völker der Welt ... schaut auf diese Stadt und erkennt, dass ihr diese Stadt und dieses Volk nicht preisgeben dürft und nicht preisgeben könnt!«

Schauplätze und Geschichtsorte

Die Alliierten in Berlin:
Die Alliierten fanden für ihre jeweiligen Hauptquartiere moderne Gebäude vor: Die Russen in Berlin-Karlshorst (Lichtenberg, Treskowallee), die Amerikaner in Dahlem (Zehlendorf, Clayallee 172, ehemals Luftgaukommando III), die Engländer entschieden sich für das Sportforum auf dem Olympiagelände (Charlottenburg), die Franzosen im Wedding für die vormalige Hermann-Göring-Kaserne (Allee C. St. Saëns).
Potsdamer Konferenz:
Schloss Cecilienhof (Potsdam) heute Hotel und Museumsräume
Trumanvilla (Potsdam-Babelsberg, am Griebnitzsee)
Sowjetische Ehrenmale:
Ehrenmal im Tiergarten (Tiergarten, Straße des 17. Juni), am 11. November 1945 eingeweiht, erinnert es an 2 500 sowjetische Soldaten, die beim Kampf um den Reichstag gefallen sind.
Sowjetisches Ehrenmal (Treptow, Treptower Park), ab 1946 unter anderem aus dem Material der zerstörten Hitlerschen Reichskanzlei errichtet.
Blockade und Luftbrücke:
Denkmal (Tempelhof, Platz der Luftbrücke) 1951 von Eduard Ludwig.

JAHRE MIT DER MAUER 1950–1968

Die vier Jahrzehnte der Spaltung Berlins in zwei Städte stellen die sonderbarste Epoche der Stadtgeschichte dar. Beide Stadthälften entwickeln sich auf eigenen Wegen. Beide müssen jeweils so tun, als wären sie ein Ganzes. Der Westteil spielt, er sei ein ganz normales Land der Bundesrepublik, ein Stadtstaat etwa wie Bremen oder Hamburg. Der Ostteil gibt die Hauptstadt eines souveränen Staates, hinter dessen Regierungsgebäuden allerdings unmittelbar ein Grenzstreifen liegt, in dem – nach 1961 – scharf geschossen wird.

Ein kompliziertes Spiel, bei dem der Westen nicht besonders gute Karten in der Hand hält. Die Westbezirke der einstigen Reichshauptstadt liegen 180 Kilometer vom Gebiet jenes Staates entfernt, dem sie sich nun zugehörig fühlen. Außerdem müssen die Besonderheiten des Viermächte-Status beachtet werden: Bonner Gesetze dürfen nicht automatisch für die westliche Teilstadt gelten. Eisern wachen die Siegermächte bis 1990 über das Weiterbestehen der Kriegsabmachungen. Im Interesse der Berliner Schutzbefohlenen: Ohne den Viermächtestatus gäbe es keinen Grund für die Truppen Amerikas, Englands und Frankreichs in der Stadt zu sein. Das Abgeordnetenhaus muss jedes Gesetz des Bonner Bundestages per Abstimmung zu einem Berliner Gesetz machen.

Der Ostteil Berlins dagegen wird allmählich zur »Hauptstadt der DDR«, und er hat es mit seiner Rolle leichter
als der Westen. Aber auch in Ostberlin gelten die alliierten 1950
Vorbehalte. Wenigstens in den ersten Jahren werden die Einschränkungen auch eingehalten. An allen Ausfallstraßen der Hauptstadt der DDR in ihr Umland stehen Postenhäuschen, Ausweise werden kontrolliert. Ganz Berlin, daran erinnern die Posten, ist ein gesondertes Gebiet. Ostberliner Abgeordnete dürfen im Parlament der DDR, der Volkskammer, nicht mit abstimmen (obwohl die Volkskammer in Ostberlin tagt). Und die »Volksarmee« darf nicht in Ostberlin stationiert sein.

Bereits 1951 wird die zuvor nie spürbare Grenze zu Brandenburg für Westbewohner fast unüberwindbar.

Das Umland, »DDR« (Ostsprache) beziehungsweise »Die Zone« (Westsprache), darf von Westberlinern nur in Ausnahmefällen betreten werden. Bewohner des Umlands dagegen gelangen per S-Bahn ungehindert in den Westteil, wenn auch vorher und nachher durch »Volkspolizei« kontrolliert. Die Menschen kommen in Scharen, denn im Westen gibt es Westgeld und Waren, an denen zu Hause Mangel herrscht. Die innerstädtische Grenze zwischen Westbezirken und Ostbezirken ist bis 1961 offen. Ungehindert können Ostler im Westen ins Kino gehen, Westler im Osten Bücher kaufen. Wer die DDR auf immer verlassen will, fährt dazu einfach nach Ostberlin und wechselt – meist per S-Bahn – in den freieren Teil der Stadt.

Die Welt ist in zwei Teile zerrissen, Ost und West. Die Feindschaft steigert sich bis an den Rand des tatsächlichen Krieges. Die Trennlinie zwischen den Lagern läuft mitten durch eine Stadt. Dieser »Kalte Krieg« ist ein Krieg der Nadelstiche und er ist ein Propagandakrieg, ein Krieg der Zeitungsartikel und Radiosendungen (das Fernsehen beginnt erst in den 60er Jahren eine größere Rolle zu spielen).

Der Aufbau in Ostberlin geht unter erschwerten Bedingungen und entsprechend langsam vor sich. Viele Firmen müssen noch Jahre lang als »Sowjetische Aktiengesellschaften« allein für den Bedarf der Sowjetunion produzieren.

Auch die Belegschaften der Betriebe im Westen bauen die Fertigungsstätten wieder auf. Zulieferungen allerdings können nur noch aus dem Westen kommen und nur dorthin (und natürlich in den Export) können auch die Erzeugnisse geliefert werden.

Entscheidend für den Westteil wird die Hilfe aus dem Marshall-Plan, dem European Recovery Program (ERP), allein 1950 über 400 Millionen Mark. Dennoch bleibt ein existenzielles Problem: Die Westbezirke sind allein nicht lebensfähig und müssen letzten Endes durch Westdeutschland unterstützt werden. Niemand besitzt Erfahrung, ob so etwas überhaupt funktionieren könnte. Schließlich wird das Mittel gefunden, das bis zum Ende des Westberliner Inseldaseins für die Lebensfähigkeit der Stadt sorgt: Steuervorteile für alle Investitionen und die in der Stadt erzielten Einkünfte. 1952 ist noch jeder vierte in Westberlin arbeitslos, 1960 ist Vollbeschäftigung erreicht.

Große Aufbauprogramme sorgen in West und Ost dafür, dass die zerstörte Stadt an der Spree die Schäden des Bombenkrieges überwindet. Zunächst einmal erhält Berlin – im Osten wie im Westen – tatsächlich sein altes Gesicht zurück. Ziegelmauern und Balkendecken der Mietshäuser haben die Stöße von Bomben und Luftminen erstaunlich gut abgefedert. 80 Millionen Kubikmeter Trümmerschutt werden in beiden Stadthälften zu Bergen aufgeschüttet, die später bepflanzt werden.

Bis zur endgültigen Spaltung der Stadt durch den Bau der Mauer 1961 werden im Osten wie im Westen in hohem Tempo Wohnungen gebaut. Bis 1960 entstehen im Westteil über 70 000 Wohnungen neu. Im Osten sind es weniger, aber auch hier wird extrem viel gebaut. Der Beginn des Ostwohnungsbaus allerdings ist spektakulär. Zwischen 1949 und 1960 entsteht das Prestigeobjekt Stalinallee, Wohnhäuser in klassizistischen Formen (»Stalinbarock«). Der Westen antwortet darauf in der zweiten Hälfte der 50er Jahre mit dem Neuaufbau des zerstörten Hansaviertels durch eine internationale Architektenelite im Rahmen der Bauausstellung »Interbau« von 1957.

Am 15. Juni 1953 protestieren in Ostberlin die Arbeiter 1953
an der Großbaustelle Stalinallee dagegen, dass sie pro Schicht mehr leisten sollen. Aus dem Protestmarsch der Bauarbeiter zum Sitz der Regierung in der Leipziger Straße entstehen bis zum 17. Juni Erhebungen in allen größeren Städten. Das russisch gestützte System Ostdeutschlands wird insgesamt in Frage gestellt. Die Russen rufen den Ausnahmezustand aus und setzen Panzer ein, 92 Menschen werden nach Standrecht erschossen, weit über 1000 zu lebenslänglichen Haftstrafen verurteilt, 23 Sowjetsoldaten wegen Befehlsverweigerung hingerichtet, sie wollten nicht auf Zivilisten schießen.

Schon in den Wochen zuvor sind Zehntausende aus Ostdeutschland in den Westen geflohen, 49 000 allein im März, jetzt wachsen die Zahlen, denn viele Ostbewohner fürchten, dass sie verhaftet werden. Im Westteil, in Marienfelde, wird ein »Notaufnahmelager« eingerichtet.

Nie versiegt in den folgenden Jahren der Strom der Flüchtlinge, die aus der DDR »in den Westen gehen«. Auch westlichen Politikern ist klar, dass die Situation langsam dramatisch wird. Schließlich einigen sich Rus-
1961 sen und Amerikaner 1960/61 unter der Hand: Der Viermächtestatus von Berlin und die Rechte der Westalliierten bleiben unangetastet, dafür werden die Westmächte dulden, dass der Osten die Grenzen abriegelt.

Der spätere Parteichef Erich Honecker erhält vom Politbüro der SED den Auftrag, die Sperrmaßnahmen vorzubereiten, höchste Geheimhaltungsstufe. Trotzdem merkt die Bevölkerung, dass etwas im Busch ist, die

Mauerbau im August 1961

Flüchtlingszahlen steigen noch einmal: Im Juli 1961 kommen 30 000, Anfang August, den letzten Tagen, an denen die Grenze noch offen ist, allein 47 000.

1961

Zehntausend Volksarmisten werden um die Stadt zusammengezogen, die Sowjetarmee hält sich in Bereitschaft, 15 000 Polizisten und Sicherheitsleute sind beteiligt und 12 000 Mann »Betriebskampfgruppen«. In den Morgenstunden des 13. August beginnt die Absperrung von 45,6 Kilometern innerstädtischer (»Sektoren«-) Grenzen und 115 Kilometern Grenze zwischen Westberlin und dem Umland (die sind freilich ohnehin bereits seit neun Jahren weitgehend abgezäunt). Im innerstädtischen Bereich ziehen Arbeiter eine Mauer aus Hohlblocksteinen hoch, Stacheldraht auf der Oberkante erschwert das Überklettern.

Der Schock in Ost und West ist groß. Besonders das tagelange Schweigen der »Schutzmächte«, der Amerikaner, Engländer und Franzosen bedrückt viele. Erst nach

Karl-Marx-Allee

vier Tagen legen die Alliierten einen »feierlichen Protest« bei der Sowjetunion ein. Das ist alles, mehr geschieht nicht. Der Kanzler der Bundesrepublik, Konrad Adenauer, besucht die Stadt sogar erst neun Tage nach dem Mauerbau. Eier und Tomaten fliegen, die Einwohner der Exklave Westberlin fühlen sich im Stich gelassen.

Die Grenze durchschneidet die Stadt wie ein Messer: 2 000 Wohnungen auf der Ostseite werden geräumt, da sie direkt an der Linie liegen, 50 Hauseingänge vermauert, 37 Läden und über 1 200 Fenster. Es kommt zu dramatischen Szenen und spektakulären Fluchten: In Spandau rast ein kompletter Personenzug durch den Grenzzaun, Dampferkapitäne fliehen über die Gewässer. Der Osten reagiert mit immer perfekterer Abriegelung. Es beginnt die Zeit waghalsiger Fluchtunternehmungen mit westlicher Unterstützung, Flucht-Tunnel werden gegraben. »An der Mauer« gibt es die ersten Toten.

Das Leben in beiden Stadthälften wird ruhiger. Jede Hälfte ist mit sich selbst beschäftigt. Im Osten entsteht ein repräsentatives Regierungsviertel aus Staatsratsgebäude und Außenministerium. So weit irgend durchsetzbar ignoriert die DDR den Sonderstatus Berlins: Ab jetzt werden auch Ostberliner zum Wehrdienst in der Volksarmee gezogen (Westberliner dagegen weiterhin nicht zur Bundeswehr), ab Mitte 1964 erhalten Einwohner der Hauptstadt einen normalen Personalausweis der DDR (Westberliner behalten bis zur Wiedervereinigung ihren »Behelfsmäßigen Personalausweis«) und Anfang 1967 beschließt das Parlament der DDR, die Volkskammer, eine eigene DDR-Staatsbürgerschaft.

In Westberlin sind, um Arbeitsplätze zu schaffen, inzwischen nicht nur etliche Bundesbehörden angesiedelt worden (jeweils unter östlichem Protest), die Stadt ist auch wieder eine große Industriestadt. Der Senat von Berlin wirbt bald in Westdeutschland um Arbeitskräfte, denen er – neben der an alle Arbeitnehmer gezahlten Berlinzulage – günstige Kredite und mittlerweile auch eine Wohnung garantieren kann. Es wird viel gebaut, Wohnungen, öffentliche Einrichtungen, Verkehrsinfrastruktur, vor allem U-Bahnlinien.

Zwar lernen beide Stadthälften mit der Teilung zu leben, aber ein schmerzhafter Schnitt bleibt sie trotzdem. Verhandlungen sind äußerst schwierig. Für den Osten ist Westberlin nicht Teil der Bundesrepublik und der Westen erkennt die DDR nicht an. Verhandelt wird dennoch. An Weihnachten 1963 können Westberliner Passierscheine beantragen, um zum ersten Mal seit dem Mauerbau wieder Familienmitglieder im Osten besuchen zu können. Umgekehrt ist das selbstverständlich nicht gestattet. Auch in den folgenden Jahren werden solche Regelungen vereinbart, ein Eiertanz um die komplizierten Statusfragen ist es jedes Mal von Neuem. Nadelstiche beider Seiten gibt es weiterhin: Tagen Einrichtungen des Bundes in Berlin, fertigen die DDR-Organe an den Kontrollpunkten des Transitverkehrs schleppend oder gar nicht mehr ab und sowjetische Düsenjäger durchbrechen in geringer Höhe die Schallmauer, so dass Westberliner Fensterscheiben zu Bruch gehen. Aus der Weltpolitik jedoch verschwindet Berlin mehr und mehr. Die Zeit der »Entspannung« kündigt sich an. Da gerät in der zweiten Hälfte der 60er Jahre Westberlin auf ganz unerwartete und ungewohnte Weise in die Schlagzeilen: durch die Studentenbewegung. 1963

Die Freie Universität war 1948 auf studentische Initiative gegründet worden, als die Universität unter den Linden auf kommunistischen Kurs gezwungen wurde. Sie bleibt immer eine politisch interessierte Hochschule. Viele FU-Studenten riskieren als Fluchthelfer nach dem Mauerbau Freiheit und Leben. Der Ruf nach Universitätsreformen wird hier besonders früh erhoben. Der Krieg Amerikas gegen Nordvietnam wird von den politisch interessierten Studentenschaft abgelehnt, es kommt 1965 zu ersten Demonstrationen.

Bei der Demonstration gegen den Besuch des Schahs von Persien am 2. Juni 1967 – er führt im Iran ein blutiges Regime – wird der Demonstrant Benno Ohnesorg von einem Polizisten erschossen. Daraufhin erhalten die politisierten, linken Studenten starken Zulauf auch an den westdeutschen Hochschulen. Im April 1968 wird Rudi Dutschke, die führende Figur der Studentenbewegung

an der FU, von einem Attentäter auf dem Kurfürstendamm niedergeschossen. Die Studenten machen dafür
1968 die Hetze gegen die Studenten in den Zeitungen des konservativen Verlegers Axel Springer verantwortlich, dessen Blätter – sein Verlagshochhaus hat er demonstrativ direkt an die Mauer gesetzt – in Berlin den Markt beherrschen. »Enteignet Springer!« wird zur Losung der »Außerparlamentarischen Opposition«. Es kommt bei Protestdemonstrationen zu Ausschreitungen.

Geschichts-orte

Wettbewerb der Systeme: Die 50er Jahre.

Stalinallee

Entlang der Ränder der heutigen **Karl-Marx-Allee** (Friedrichshain, Strausberger Platz bis Proskauer Straße), die zwischen 1949 und 1961 den Namen Stalins trug, entstanden von 1952 an auf 1,7 km die außen aufwändigen und innen komfortablen **Wohnblöcke.**

Hansaviertel (Interbau)

Freistehende **Wohnblöcke, Ein- und Mehrfamilienhäuser** (Tiergarten, Klopstock-, Altonaer Straße, Bartningallee), die in den Tiergarten übergehen. 36 Projekte mit 1 300 Wohnungen, Ladenzeilen, Kirchen und (Klopstockstr., Ecke Straße des 17. Juni) **Berlin-Pavillon**.

Größte Trümmerberge im Westen sind der **Teufelsberg** in Charlottenburg und der **Insulaner** in Steglitz. Im Osten sind die **Ahrensfelder Berge** und der **Kienberg** in Marzahn und die **Biesdorfer Höhe** aus Trümmer- (und Bauschutt) entstanden.

Die Westsektoren als Fluchtziel

Erinnerungsstätte Notaufnahmelager Berlin-Marienfelde (Tempelhof, Marienfelde, Marienfelder Allee 66–80) bis 1990 war das Heim für weit über eine Million Menschen die erste Anlaufstelle im Westen.

13. August 1961 und Berliner Mauer bis 1989

Vom ehemaligen alliierten Kontrollpunkt **»Checkpoint Charlie«** (Kreuzberg, Friedrichstraße, Ecke Zimmerstraße) steht das Kontrollhäuschen auf dem Mittelstreifen.

Im wenige Meter entfernten **Museum Haus am Checkpoint Charlie** (Kreuzberg, Friedrichstr. 43–44) sind der Mauerbau, die östlichen Grenzsicherungen und viele Fluchtunternehmungen gut dokumentiert.

Gedenkstätte und Dokumentationszentrum Berliner Mauer (Wedding, Bernauer Str. 111). Hier ist noch ein Stück der Originalgrenzanlage zu sehen, das Dokumentationszentrum zeigt unter anderem Filme.

Erhaltene **Mauerabschnitte** oder Kennzeichnungen des einstigen Verlaufs der Grenze: Ebertstraße (Tiergarten), Invalidenfriedhof, Niederkirchnerstraße, Zimmerstraße (Mahnmal für den an der Mauer erschossenen Peter Fechter).

Regierungsviertel der DDR

Gebäude des Staatsrats (Schlossplatz 1), 1964 fertig gestellt. Das barocke Lustgartenportal des abgerissenen Schlosses hat man nicht wegen der architektonischer Bedeutung (Eosander von Göthe, die Atlantengestalten von Balthasar Permoser) hier angebracht, sondern weil von seinem Balkon aus Karl Liebknecht 1918 die Sozialistische Republik ausgerufen hatte.

Besuch des amerikanischen Präsidenten John F. Kennedy

Rathaus Schöneberg (Schöneberg, John-F.-Kennedy-Platz) Von dem Balkon über dem Rathausportal pflegten alle hochrangigen (West-)Berlinbesucher der Bevölkerung, die sich stets zahlreich einfand, zuzuwinken. Im Turm des Rathauses läutet seit 1951 die »Freiheitsglocke« jeden Mittag um 12 Uhr.

Die Westalliierten in Berlin

AlliiertenMuseum (Zehlendorf, Clayallee 135). Im einem ehemaligen Kino der amerikanischen Streitkräfte.

Studentenbewegung

Das Grundstück in der Krumme Straße, auf dem bei der Anti-Schah-Demonstration am 2. Juni 1967 der Student Benno Ohnesorg erschossen wurde, ist heute anders bebaut. An der Deutschen Oper (Charlottenburg, Bismarckstraße) steht die **Plastik »Tod des Demonstranten«** von Alfred Hrdlicka.

Auf dem Friedhof der Sankt Annengemeinde (Zehlendorf, Dahlem, Königin-Luise-Straße, Ecke Pacelliallee) befindet sich das **Grab von Rudi Dutschke,** der 1979 an den Spätfolgen des Attentats gestorben ist.

ZWEI GANZ NORMALE STÄDTE

Berlins langjähriger Regierender Bürgermeister Willy Brandt wird 1966 Außenminister, 1969 Bundeskanzler. Die Politik in Bonn ändert sich, man will mit dem Osten ins Gespräch kommen. Berlin – und das heißt Westberlin – spielt dabei eine entscheidende Rolle. Die Stadt ist zugleich Schwachpunkt und Faustpfand westlicher Politik. Der Osten kann einerseits die Zufahrtswege blockieren, andererseits hat er den »Klassenfeind« mitten im eigenen Gebiet, Radio- und Fernsehprogramme dringen mühelos in die Wohnstuben der eigenen Bevölkerung und auf den Transit-Autobahnen demonstrieren die »Westwagen« den wachsenden Lebensstandard in der Bundesrepublik.

Am 21. Dezember 1972 wird der »Grundlagenvertrag«
1972 zwischen beiden deutschen Staaten geschlossen. Die Bundesrepublik erkennt die DDR nicht von Rechts wegen an, aber de facto: In Bonn und in Ostberlin werden Botschaften eingerichtet, die nicht so heißen dürfen, sondern »Ständige Vertretung« genannt werden. Schwieriger waren zuvor die Verhandlungen um Berlin selbst. Hier müssen sich zunächst die Siegermächte an einen Tisch setzen, deren Rechte berührt sind. 1971 einigen sich die Amerikaner, Engländer und Franzosen mit den Russen. Die jeweilige deutsche Seite war – ständig konsultiert – bei den Verhandlungen im Vorzimmer geblieben.

Das »Vierseitige Abkommen« (= der vier Siegermächte) bedeutet für die Weststadt einen Durchbruch. In der Folge handeln die beiden deutschen Regierungen ein Transitabkommen aus: Beim Durchqueren der DDR braucht man nicht mehr bei Ein- und Ausreisekontrolle das Auto zu verlassen. Westberliner dürfen jetzt regelmäßig nach Ostberlin und auch in die DDR einreisen. Das Verfahren (»Einreisevisum«) bleibt bürokratisch und lästig, jedoch ist der Fortschritt unübersehbar. Wenigstens in einer Richtung ist die Mauer durchlässig geworden. Die Bundesrepublik zahlt für diese Regelungen jährlich einen mehrstelligen Millionenbetrag an die DDR.

All diese Veränderungen fallen zeitlich mit einem Wechsel der Führung in Ostberlin zusammen: Walter Ulbricht wird 1971 von Erich Honecker abgelöst. Der

»Spitzbart« war in Ost und West ein gehasster Mann. Mit seiner charakteristischen gequetschten Stimme im Leipziger Dialekt galt er als Inbegriff all dessen, was man an der DDR abstoßend fand.

Der neue Mann wirkt jugendlicher und weniger verkniffen. Dass er derjenige war, der den Mauerbau organisiert hatte, wird weniger zur Kenntnis genommen als seine lange Haft unter Hitler. Die Tatsache, dass in den Wohnungen der DDR Westfernsehen und Westradio zum Alltag gehören, akzeptiert er ausdrücklich (auf dem Höhepunkt des Kalten Krieges waren Gefängnisstrafen dafür verhängt worden), der Steigerung des Lebensstandards räumt er Vorrang ein.

Ost-Berlins neues Zentrum nimmt weiter Gestalt an: Der Fernsehturm ist 1969 eröffnet worden, Wahrzeichen für das neue, sozialistische Berlin (und von Ulbricht trotzig höher gebaut, als die Obergenossen in Moskau erlaubt hatten). An der Stelle des gesprengten Schlosses entsteht ein »Palast der Republik«.

Im August 1973 finden in Ostberlin die »X. Weltfestspiele der Jugend« statt. Die Jugendorganisation der SED, **1973**
die FDJ, hat es organisiert. Abordnungen meist sozialistischer Jugendverbände aus über 100 Ländern kommen in die »Hauptstadt der DDR«, die sich für 10 Tage in eine internationale Metropole verwandelt: Rockmusik auf vielen Freilichtbühnen, alle sind jung, gegen den Vietnamkrieg und irgendwie für den »Fortschritt«. Der Sicherheitsaufwand ist groß: Regimegegner werden bis zum Ende des Festivals in die Psychatrie eingewiesen. Trotzdem: Unter Ulbricht – er stirbt genau während der Festspiele – wäre all das undenkbar gewesen.

Beispielhaft fängt ein Film die Aufbruchstimmung jener DDR-Jahre ein: »Die Legende von Paul und Paula«, die (Arbeiter-)Heldin sucht ihr Glück individualistisch und irrational und ohne Bezug auf gesellschaftliche Utopien; Schauplatz ist ein realistisch gezeigtes Ostberlin. Zum ersten Mal wirkt der graue Osten ein bisschen attraktiver als das damals auch nicht sehr bunte Westberlin, das zwar zum freien Westen gehört, aber mit seiner studentischen Jugend nicht gerade sehr freundlich umspringt.

»Die Legende von Paul und Paula« (Regie Heiner Carow, 1973)

Beide Stadthälften treten auch in anderer Hinsicht in einen Wettbewerb: Hüben wie drüben beginnt man sich um die »Sanierung« (Westsprache) beziehungsweise »Rekonstruktion« (Ostsprache) der riesigen Altbauareale zu kümmern.

Kontrollpunkt Dreilinden (Westseite)

Im Westen hatte man in den 50er Jahren den Stuck von den zerschossenen Fassaden geschlagen, seit den späten 60ern ist man dabei, ganze Stadtteile großflächig abzureißen und mit Wohnungen des »Sozialen Wohnungsbaus« neu zu bebauen. Dagegen regt sich nun Protest, die ersten Häuser werden besetzt und allmählich beginnen auch die Verantwortlichen umzudenken, die »Identität« der Stadt soll gewahrt bleiben. Man beginnt, vor allem in Kreuzberg und Charlottenburg, vorsichtig die alte Bausubstanz wieder herzustellen.

Im Osten dagegen war lange überhaupt nichts geschehen. Nachdem Bombenschäden notdürftig repariert worden waren, hatte man die knappen Mittel auf den Neubau konzentriert. Die langen gleichförmigen Straßenzüge von Prenzlauer Berg, Friedrichshain und Lichtenberg zeigten geschwärzte Fassaden, deren Putz von Schusslöchern durchsiebt ist, viele Häuser noch mit den Toiletten im Treppenhaus oder sogar auf dem Hof. Jetzt beginnt man auch hier Straßenzüge wieder herzustellen, die Haustechnik zu modernisieren und die Fassaden zu renovieren.

1976 Die Ostberliner Aufbruchstimmung hält nicht lange an. Im November 1976 lassen die Machthaber den verfemten Liedermacher Wolf Biermann für ein Konzert nach Köln reisen und bürgern ihn sofort anschließend aus. Zuvor hatte er mehr als zehn Jahre, belegt mit Auftritts- und Publikationsverbot, in seiner Wohnung in der Chausseestraße gelebt, in einer Art innerem Exil. Die Ausbürgerung ruft in West und Ost Empörung hervor. Viele Prominente der DDR – die meisten wohnen in Berlin – protestieren in bis dahin nicht gekannter Offenheit gegen diese Abschiebung eines zwar kritischen, aber sich doch als Sozialist verstehenden Künstlers. Eine Elite von Schriftstellern, Malern, Schauspielern und Musikern stellt nun Ausreiseanträge und die Führung lässt sie ziehen, froh, unruhige Geister loszuwerden. Viele von ihnen bleiben in der Stadt: Sie wechseln nur von Ost- nach Westberlin, das ihnen weniger fremd ist als die Bundesrepublik. Die Biermann-Ausbürgerung war nach Meinung vieler Zeitzeugen ein Stück vom Anfang des Endes der DDR.

Der Westen Berlins beginnt sich in den 70er Jahren allmählich zu ändern. Die FU als Zentrum der Studentenbewegung ist ein attraktiver Studienort. Wer in Berlin seinen ersten Wohnsitz hat, braucht nicht zur Bundeswehr. Seit Kriegsende sind die Mieten der Altbauquartiere kaum erhöht worden: Die Stadt bietet Raum für Wohngemeinschaften, selbstverwaltete Kindergärten (»Kinderläden« genannt, weil fast immer in einem der zahlreichen leerstehende Läden) und »alternative« Betriebe, in denen mit neuen Organisationsformen experimentiert wird und viele dunkle, mit altem Mobiliar eingerichtete Kneipen. Berlin-Kreuzberg wird für junge Leute in der sauberen, aufgeräumten Bundesrepublik zum mythischen Ort, der eine bis dahin unbekannte Lebensform verheißt und der West-Stadt ein völlig neues Bevölkerungssegment beschert aus jungen, gebildeten, oft kreativen Menschen.

Zur gleichen Zeit wird Berlin Ziel einer ganz anderen Wanderung: Wie in westdeutsche Städte kommen auch nach Westberlin mehr Arbeitsimmigranten als zuvor. In Berlin sind das hauptsächlich Türken. Bereits Mitte der 70er Jahre gibt es in den alten Arbeiterbezirken Kreuzberg, Neukölln, Schöneberg, Charlottenburg, Spandau und Wedding Straßenzüge und ganze Viertel, deren tägliches Bild von nicht-deutscher Bevölkerung geprägt ist, die eigene Läden und Handwerksbetriebe betreibt.

In den 70er Jahren werden nach und nach Trabantenstädte fertiggestellt, die in den 50ern geplant und mit deren Bau in den 60ern begonnen wurde: Märkisches Viertel (Reinickendorf), Gropiusstadt (Neukölln), Falkenhagener Feld (Spandau) sind die größten, weit weg vom Zentrum liegen alle.

15 Jahre nachdem die Industrie des Westteils wieder Vorkriegsstand erreicht hat, beginnt der Niedergang. Ab 1975 schließen Betriebe der Elektrotechnik, des Maschinen- und Apparatebaus. Traditionsreiche Werke wie Borsig oder AEG stellen die Produktion ganz oder teilweise ein, daneben verschwinden nach und nach Hunderte von Kleinbetrieben. Brauereien und Lebensmittelbetriebe sind ebenfalls betroffen. Der Strukturwandel trifft Berlin hart. Manche Produktionen, wie die von Zigaretten, überleben nur dank steuerlicher Sonderstellung. Viele ehemalige Beschäftigte finden anfangs noch im Öffentlichen Dienst neue Arbeit; zeichenhaft dafür steht der damals errichtete Silberturm der Bundesanstalt für Angestelltenversicherung in Wilmersdorf.

Die Entwicklungen führen auch zu politischen Veränderungen. Seit den Zeiten Ernst Reuters galt die SPD als die »Berlin-Partei«. Mit Willy Brandt war ein ehemaliger Regierender Bürgermeister sogar Bundeskanz- 1981
ler geworden. In jahrzehntelanger Herrschaft hat die Partei die Schaltstellen des Öffentlichen Dienstes, der städtischen Versorgungs- und Verkehrsbetriebe und der Bildungseinrichtungen besetzt. In den 70er Jahren erschüttern mehrere große Bauskandale die Öffentlichkeit. Der Strukturwandel nimmt der Arbeiterpartei nach und nach auch die Stammwählerschaft. 1981 gewinnt die

CDU die Wahlen, Spitzenkandidat ist mit Richard von Weizsäcker ein prominenter Politiker aus Westdeutschland, der drei Jahre darauf zum Bundespräsidenten gewählt wird.

Ostberlin wird weiter zur Hauptstadt der DDR ausgebaut. Mit dem Abschluss der Verträge hat die DDR eines ihrer Hauptziele erreicht: Sie wird international anerkannt. Die Westalliierten eröffnen 1973 ganz offiziell Botschaften, andere westliche Staaten folgen. Auf der Fischerinsel und entlang der Leipziger Straße entsteht in den folgenden Jahren ein Hochhausviertel für die vielen Funktionsträger des Staates DDR. 1976 wird der »Palast der Republik« eingeweiht: Hier tagt die Volkskammer, hierhin kann man aber auch gehen, um sich zu amüsieren. Rund ein Jahrzehnt nach dem Westteil beginnt auch der Osten damit, Satellitenstädte an der Peripherie zu bauen: Hohenschönhausen, Hellersdorf und Marzahn, die zum Teil erst kurz vor Ende der DDR fertiggestellt werden.

Geschichtsorte

Transitverkehr nach Westdeutschland
Kontrollstelle Dreilinden

Wer über die AVUS Richtung Süden die Stadt verlässt, unterquert nahe der Stadtgrenze ein Brückengebäude aus den 70er Jahren: Einst **Arbeitsstelle des westlichen Zolls,** ein paar hundert Meter weiter ist dann auf der linken Seite ein **Sockel** mit einem rosa Abräumbagger zu sehen, der nach der Wende den **sowjetischen Panzer T 34** ersetzt hat, der vorher – Fahrtrichtung Westberlin – dort oben Stärke demonstriert hat. Auf der rechten Seite ist noch eine weiße **Betonstele** zu erkennen, die einst das **Staatswappen der DDR** trug. Das mehrere Hektar große Gewerbegebiet ebenfalls auf der rechten Seite (ein ruiniertes **Grenzerhäuschen** steht noch) war der **Kontrollpunkt Dreilinden;** hier wurden seit den 70er Jahren auf 10 Spuren die Wagen aus Westberlin für den Transit durch die DDR nach Westdeutschland (und in Gegenrichtung) abgefertigt.

KLEINE AUFBRÜCHE 1980–1989

Die primitive Mauer von 1961 ist inzwischen einer gruseligen Inszenierung gewichen aus zwei Betonhindernissen mit dazwischen liegendem Schussfeld (»Todesstreifen«). Auch wenn das Verhältnis von Ost und West seit den Verträgen friedlicher geworden ist, ruhig ist es nicht. Immer wieder kommt es zu Nadelstichen gegen den Verkehr von und nach Westberlin: Mal wird schleppend abgefertigt, mal besonders scharf kontrolliert, Besuchswillige werden zurückgewiesen, oder der »Eintrittspreis« für die Hauptstadt wird erhöht (Westbesucher müssen eine bestimmte Summe bei jedem Besuch 1 : 1 in Ostmark tauschen), westliche Journalisten werden wegen kritischer Berichterstattung ausgewiesen.

Jahr für Jahr fliehen DDR-Bürger auf spektakuläre Weise nach Westberlin: Mit gepanzerten LKW durch den Grenzzaun, im Taucheranzug durch das Wasser, durch die Luft per Ballon, Segel-, Sport-, Verkehrsflugzeug oder Drachen.

Die 80er Jahre bieten ein widersprüchliches Bild, in Ost- wie in Westberlin. Ostberlin wird prachtvoller: Die DDR entdeckt preußische Traditionen und stellt das Reiterstandbild Friedrichs des Großen (»Friedrichs II.«) wieder unter den Linden auf. Der Wiederaufbau des Gendarmenmarktes (damals »Platz der Akademie«) mit Deutschem und Französischem Dom wird abgeschlossen. Stolz weiht Erich Honecker am 1. Oktober 1984 Schinkels Schauspielhaus als Konzertstätte ein. Andererseits wird die Versorgungslage schwieriger; die jedoch in der »Hauptstadt« immer besser ist als in der übrigen DDR. Die Unzufriedenheit nimmt zu, die Ausreiseanträge gehen in die Zehntausende. Im Frühjahr 1984 flüchten 55 Verzweifelte in die »Ständige Vertretung« der Bundesrepublik (und dürfen später ausreisen). Bereits zu jener Zeit, so erfährt man nach der Wende, steht die DDR kurz vor dem Staatsbankrott.

In Westberlin belebt die neue, konservative Regierung die Kulturszene, den Fremdenverkehr und poliert das ramponierte Image der Stadt auf. Gleichzeitig tobt in Kreuzberg ein erbitterter Kampf zwischen linken Hausbesetzern und der Ordnungsmacht, der über Deutschland hinaus die Medien beschäftigt. Die Besetzer wenden sich gegen Abriss in großem Stil, gegen die Vertreibung der angestammten Bevölkerung durch »Luxussanierung« und vor allem gegen jahrelangen Leerstand halber Straßenzüge.

Die Konservativen hatten nicht zuletzt die Wahlen gewonnen, weil die Berliner Skandale satt hatten. Mitte der 80er Jahre jedoch erschüttert ein neuer Skandal – diesmal um den Charlottenburger Baustadtrat der CDU – die Stadt: 30 Politiker, Immobilienkaufleute, Bauunternehmer und Kriminelle sind darin verwickelt. Korruption wird gerichtlich nachgewiesen, Gefängnisstrafen werden verhängt, mehrere Senatoren treten zurück.

1987 1987 feiern West- und Ostberlin das 750jährige Stadtjubiläum. Getrennt. Der Osten hat sich pünktlich dazu eine komplette Altstadt gebaut, rund um die älteste Kirche Berlins, zuvor eine Ruine. Nur ganz wenige Häuser im »Nikolaiviertel« sind alt und von diesen haben noch weniger auch einst an der Stelle gestanden, an der sie nun stehen. Aber die vielen neuen Kneipen freuen die Ostberliner und auch Touristen kommen gern.

Nikolaiviertel

KLEINE AUFBRÜCHE

Westberlin hat sich ebenfalls seit langem vorbereitet und eine Internationale Bauausstellung veranstaltet: Architektenprominenz aus der ganzen Welt entwirft Wohnhäuser für ein künftiges Berlin. Es entstehen an mehreren Orten in der Stadt neue Viertel, fast alle nach den Regeln des Sozialen Wohnungsbaus.

Im Juni 1987 besucht US-Präsident Reagan die Stadt 1987
und fordert in einer Rede am Brandenburger Tor den Sowjetchef Michail Gorbatschow auf: »Öffnen Sie dieses Tor, reißen Sie diese Mauer ein!« Kaum jemand glaubt, dass das je der Fall sein wird.

Auch Absurdes wird veranstaltet, um die West-Stadt international im Gespräch zu halten: Die ersten beiden Halbetappen der Tour de France 1987 werden im französischen Sektor Berlins ausgetragen. Und der Senat gibt viel Geld aus, um ein Rennen des Ski-Weltcups nach Berlin zu holen. Schneekanonen speien die Grundlage dafür auf die Trümmerhänge des Teufelsbergs.

Im Ostteil ist inzwischen zum ersten Mal eine wahrnehmbare Opposition entstanden. Evangelische Kirchengemeinden bilden die Kristallisationspunkte, die allgemeine Sorge Ende der 70er, Anfang der 80er Jahre in West und Ost, dass die Aufrüstung von Nato und Warschauer Pakt mit Mittelstreckenraketen den Frieden gefährde, stand am Anfang. Auch der Umweltschutzgedanke ist in den Osten geschwappt. DDR-Oppositionelle sammeln in einer »Umweltbibliothek« unter anderem Berichte über Umweltzerstörungen in der DDR. Im Bezirk Prenzlauer Berg entsteht eine Literaturszene, die an Traditionen anknüpft, die in der DDR verpönt sind: Dadaismus, Surrealismus und Expressionismus. Die Staatssicherheit spioniert Christen, Umweltschützer und Literaten aus, schikaniert sie und unterwandert die Gruppen.

Um den Druck der Unzufriedenheit zu mindern, genehmigen die DDR-Behörden immer großzügiger Ausreiseanträge. Auch jetzt ziehen viele ausgereiste Ostberliner in den Westteil der Stadt; dort entsteht sogar Unmut, weil immer mehr Sozialwohnungen an die gerade Angekommenen vergeben werden.

Auch erhalten viel mehr DDR-Bürger als früher Visa für Reisen in den Westen. Den Unmut der Bevölkerung, wie die Machthaber hoffen, mindert das nicht, aber es entsteht ein Austausch zwischen beiden Stadthälften, den es bis dahin jahrzehntelang kaum gegeben hatte.

DIE WENDE UND DAS ENDE DER TEILUNG

Trotzdem bleibt die Teilung in aller Härte bestehen: Am 5. Februar 1989 wird der 20jährige Chris Gueffroy erschossen, als er die Mauer in Berlin-Mitte überklettert. Dass er das letzte Opfer an der Grenze sein wird, ahnt zu diesem Zeitpunkt noch niemand.

Im Mai ereignet sich eine Sensation. Die Kommunalwahlen der DDR werden angefochten. Das offizielle Ergebnis liegt wie üblich bei fast 100 % Zustimmung zur Einheitsliste. Aber diesmal haben Bürgerrechtler die Auszählung – laut Wahlgesetz der DDR öffentlich – in den Wahllokalen verfolgt. Dabei haben sie viele tausend Gegenstimmen registriert, die offiziellen 98,8 % können
1989 nicht stimmen!

Im Lauf des Jahres 1989 wird die Krise der DDR unübersehbar. Immer mehr Ostdeutsche flüchten in die bundesrepublikanischen Botschaften in Ostberlin, Warschau und Prag. Ungarn baut erst die Grenzsperren nach Österreich ab und beschließt dann, DDR-Bürger nicht mehr an der Ausreise nach Westen zu hindern. 15 000 Menschen fliehen innerhalb von drei Tagen im September über Ungarn. Anfang Oktober erreicht Bundesaußenminister Genscher, dass insgesamt 16 000 Menschen aus den Botschaften in Warschau und Prag ausreisen dürfen. Die »Montagsdemos« auf dem Leipziger Ring im Anschluss an einen Gottesdienst wachsen inzwischen von Woche zu Woche. Die Polizei wagt nicht einzuschreiten.

Während dessen bereitet die »Partei- und Staatsführung« das 40jährige DDR-Jubiläum für den 7. Oktober vor, mit Paraden vor den Regierungsgebäuden und unter höchsten Sicherheitsvorkehrungen. »Gorbi hilf!« skandieren die Berliner hinter den Absperrungen. Von 7 000

DIE WENDE

Maueröffnung am Grenzübergang Oberbaumbrücke 1989

Gegendemonstranten werden 1000 verhaftet, die Polizei geht brutal vor.

Am 18. Oktober – inzwischen finden überall in der DDR Montagsdemonstrationen statt – tritt Erich Honecker zurück, Egon Krenz wird sein Nachfolger und verspricht eine »Wende«. Dieser Begriff wird bald für den gesamten Wandlungsprozess in der DDR verwendet. Am 4. November versammeln sich über eine Million Menschen auf dem Alexanderplatz, angemeldet hat die Kundgebung (eigentlich ist so etwas in den Gesetzen der DDR nicht vorgesehen) die Belegschaft des Deutschen Theaters. Legendär wird die Rede der Schauspielerin und Altkommunistin Steffie Spira. Das Fernsehen in Ost und West überträgt die Kundgebung, auch ein Novum.

Die entscheidenden Stunden folgen am Abend des 1989
9. November. Das Mitglied des Politbüros Günter Schabowsky verkündet auf einer Pressekonferenz abends um 19 Uhr, für Privatreisen von DDR-Bürgern ins Ausland sei die Visumspflicht aufgehoben. Auf Nachfrage,

ab wann diese neue Reglung denn gelte, kramt er einen Moment in seinen Papieren und verkündet dann etwas unsicher: »Sofort, unverzüglich.« Als die Nachricht gesendet wird, machen sich Tausende, bald Zehntausende Einwohner Ostberlins »sofort und unverzüglich« zu den Übergangsstellen auf, vor allem zur Bornholmer Straße. Die Grenzposten können nach kurzer Zeit dem Druck nicht mehr standhalten und öffnen die Schlagbäume. Ostberliner und Westberliner feiern gemeinsam, morgens ziehen alle wieder zurück, sie müssen schließlich zur Arbeit.

In den folgenden Tagen herrscht in beiden Teilen Berlins Ausnahmezustand: Straßen- und Bahnverkehr brechen teilweise zusammen, Hunderttausende aus dem Osten besuchen den Kurfürstendamm, und in umgekehrter Richtung strömen Westler über die Grenze. Noch vor Weihnachten wird das Brandenburger Tor geöffnet und Silvester feiert eine halbe Million Menschen dort den Jahreswechsel.

Vom 11. bis zum 14. Februar 1990 verhandeln die vier Siegermächte des Zweiten Weltkriegs – immer noch besteht ja ihre Verantwortlichkeit – und die beiden deutschen Staaten in den daher »Zwei-plus-Vier« genannten Gesprächen die Zukunft Deutschlands. Tagungsort ist das kanadische Ottawa.

Bei den ersten demokratischen Kommunalwahlen seit 1946 in Ostberlin siegen am 6. Mai die Sozialdemokraten und Tino Schwierzina wird neuer Oberbürgermeister. Am 12. Juni tagen das Abgeordnetenhaus von Westberlin und der Magistrat von Ostberlin zum ersten Mal gemeinsam, am Tag darauf wird mit dem Abriss der
1990 innerstädtischen Mauer begonnen. Am 22. Juni kommen die vier Außenminister der Siegermächte nach Berlin. Gemeinsam mit ihren beiden deutschen Kollegen wohnen sie der Demontage des Grenzübergangs »Checkpoint Charlie« an der Friedrichstraße bei.

Die Volkskammer der DDR beschließt am 23. August den Beitritt der DDR zur Bundesrepublik für den 3. Oktober. Acht Tage darauf unterzeichnen Innenminister Wolfgang Schäuble für die Bundesrepublik und Staatssekretär Günther Krause für die DDR im Berliner Palais Unter den Linden den »Einigungsvertrag«.

Am 12. September werden die »Zwei-plus-vier-Gespräche« in Moskau abgeschlossen. Die Siegermächte verzichten auf alle Deutschland betreffenden Rechte.

Am 2. Oktober 1990 stimmen die Volkskammer und der Deutsche Bundestag zeitgleich über den Einigungsvertrag ab. Mit der Wiedervereinigung enden auch alle Sonderregelungen über Berlin: Ab sofort unterliegen auch Westberliner der Wehrpflicht und deutsche Fluggesellschaften dürfen Berlin wieder anfliegen. Am Abend des 3. Oktober findet vor dem Reichstag eine große öffentliche Feier statt, an der Hunderttausende Berliner aus beiden Teilen der Stadt teilnehmen. Am Tag danach tritt im Reichstag zum ersten Mal seit 1933 wieder ein in ganz Deutschland frei gewähltes Parlament zusammen. Der 3. Oktober wird zum Staatsfeiertag. 1990

Das vereinigte Berlin geht daran, möglichst schnell die Zeichen der Trennung zu beseitigen: Bereits Anfang Dezember 1990 sind Mauer und Grenzanlagen nahezu völlig beseitigt, 300 ehemalige Grenzsoldaten der DDR und 600 Pioniere der Bundeswehr sind am Abbau beteiligt, über 300 000 Tonnen Beton werden zermahlen und als Unterbau für neue Straßen verwendet. Die »Staatsreserve« bzw. »Berlinreserve« wird als Hilfe für die notleidende russische Bevölkerung verschenkt. Angelegt worden waren die Vorräte – von der Heizkohle über Fleischkonserven bis zum Fahrrad – nach der Blockade, um Westberlin einige Wochen lang versorgen zu können, wenn der Osten wieder einmal die Zufahrtswege blockieren würde.

Am 2. Dezember 1990 wählen die Berliner nicht nur zum ersten Mal ihre Bundestagsabgeordneten direkt, es finden auch die ersten gemeinsamen Wahlen zum Abgeordnetenhaus statt. In der Folge kommt es zu einer »großen Koalition« aus CDU und SPD, die über elf Jahre halten wird. Regierender Bürgermeister wird Eberhard Diepgen. Symbole spielen ein große Rolle: Obwohl die Renovierung noch nicht abgeschlossen ist, zieht die Spitze der Stadt am 1. Oktober 1991 wieder in das Rote Rathaus.

GESCHICHTS-ORTE

Wettbewerb der Systeme: Stadtjubiläum 1987

Nikolaiviertel

(Post-, Probst-, Rathausstr., Mühlendamm, Spreeufer, Nikolaikirchplatz) zwischen 1979 und 87 errichtet, die kriegszerstörte **Nikolaikirche** wieder aufgebaut, drei erhaltene Gebäude (darunter **Knoblochhaus**) integriert, **Gasthaus zum Nußbaum** und **Gerichtslaube** als Kopie erstellt, ebenso das **Ephraimpalais,** dessen Fassade eingelagert erhalten war.

Internationale Bauausstellung

Im Rahmen des Sozialen Wohnungsbaus erstellte **Mietshäuser** in der Südlichen Friedrichstadt (Kreuzberg, Alte Jakob-, Ritter-, Friedrich-, Charlotten-, Wilhelm-, Koch- und Köthener Straße) und im ehemaligen Alten Westen (Tiergarten, Am Karlsbad, Pohl-, Potsdamer-, Lützowstraße und Lützowufer). Es wurde zum Teil mit Energiesparbauweisen wie passiver Solarnutzung und anderen Neuerungen experimentiert.

DDR-Regime

Die Amtsräume des Ministers für Staatssicherheit, Erich Mielke, sind unter anderem in der ehemaligen Stasi-Hauptverwaltung zu besichtigen, heute **Forschungs- und Gedenkstätte Normannenstraße** (Lichtenberg, Ruschestr. 103).
Die berüchtigte Strafanstalt der Staatssicherheitsbehörden ist heute **Gedenkstätte Berlin-Hohenschönhausen** (Hohenschönhausen, Genslerstr. 66)

ZURÜCK ZUR HAUPTSTADT 1990–2004

Im Grundgesetz der Bundesrepublik hatte gestanden, dass am Tag nach der Wiedervereinigung der Sitz der Bundesregierung nach Berlin verlegt werden würde. Jetzt ist davon nicht mehr die Rede. Die Bundesrepublik mit der Hauptstadt Bonn, so die Befürworter eines Verbleibens der Regierung am Rhein, sei allgemein geachtet. An Berlin dagegen besitze die Welt keine guten 1991
Erinnerungen. Nach einer leidenschaftliche Debatte, die zu den besten in der Geschichte des Parlaments gehört, stimmt der Deutsche Bundestag am Abend des 26. Juni 1991 ab. Der Fraktionszwang ist aufgehoben. Mit 337 gegen 330 Stimmen entscheiden sich die Abgeordneten nach einem leidenschaftlichen Plädoyer von Wolfgang Schäuble (CDU) für Berlin als Regierungssitz.

Berlin befindet sich zu diesem Zeitpunkt im Umbruch. Unter den Bedingungen des Ostblocks haben sich Industrien erhalten, die nicht konkurrenzfähig sind. Im Westteil haben viele Firmen nur durch Subventionen überlebt. Das alles bricht innerhalb von Monaten zusammen. Für viele Berliner steht am Beginn der Einheit die Arbeitslosigkeit. Die Industriestadt Berlin, gewachsen in 250 Jahren, wird innerhalb eines halben Jahrzehnts weitgehend abgebaut. Bis Mitte der 90er Jahre fällt die Hälfte aller Industriearbeitsplätze weg. Bereits 1991 liegt die Arbeitslosigkeit bei über 11 %, sie steigt bis 1995 auf über 13 %. Gleichzeitig steht die Verwaltung vor einer gigantischen Aufgabe. Zwei sehr unterschiedliche Städte müssen zusammengefügt werden. Gas-, Wasser-, Elektrizitäts- und Fernsprechnetze, Bus-, S-, U- und Straßenbahnlinien sind zu verbinden. Die Infrastruktur des Ostteils muss von Grund auf modernisiert werden, das Telefonnetz stammt ebenso aus Vorkriegszeiten wie die meisten S-Bahnzüge.

Berlin verwandelt sich für ein Jahrzehnt in eine gigantische Baustelle mit einem entsprechenden Verkehrschaos. Mit der Entscheidung, den neuen Zentralbahnhof gleich neben das ebenfalls neu zu bauende Regierungsviertel zu legen, das wiederum in Sichtweite der Rie-

Abbruch eines Teils der Mauer durch Pioniereinheiten der DDR 1989

senbaustelle Potsdamer Platz errichtet wird, konzentriert man die größten Bauvorhaben auf gerade einmal zwei Quadratkilometern.

Wie in der gesamten ehemaligen DDR verursacht die Regelung des Einigungsvertrages »Rückgabe vor Entschädigung« große Umbrüche in den Besitzverhältnissen von Betrieben, Wohnungen und Grundstücken. Die staatlichen Unternehmen der DDR werden von der Treuhand verwaltet und an neue Eigentümer verkauft. Der Umbruch betrifft praktisch alle Lebensbereiche. Für die Westberliner entfallen die 8 % »Berlinzulage«, die in Mauerzeiten für alle Arbeitnehmer gezahlt wurde. Ende 1991 verlieren auch die alten Westberliner Briefmarken mit dem Aufdruck »Deutsche Bundespost Berlin« ihre Gültigkeit.

Der Neujahrsempfang für das diplomatische Korps
1994 findet im Januar 1994 zum ersten Mal in Berlin statt, im Amtssitz des Bundespräsidenten, Schloss Bellevue. Die Siegermächte bereiten ihren endgültigen Abzug vor. Im Sommer des Jahres verlassen die letzten russischen Soldaten nach 49 Jahren die Stadt. Erst danach – langes diplomatisches Feilschen hat das so festgelegt – die

Westalliierten am 8. September. Die Außenminister der USA, Englands und Frankreichs sind anwesend.

Potsdamer Platz

Die riesige, nach dem Krieg durch Abriss entstandene Stadtbrache am Potsdamer Platz wird zu großen Teilen an die Konzerne Sony und Daimler verkauft. Ein ganzer Stadtteil soll an dieser Stelle gebaut werden, die beiden einst berühmtesten Plätze Berlins, Potsdamer- und Leipziger Platz, sollen wiedererstehen. Der Vorstandsvorsitzende von Daimler-Benz, der am 29. Oktober 1994 gemeinsam mit dem Regierenden Bürgermeister den Grundstein legt, heißt Edzard Reuter und ist der Sohn des legendären Berliner Bürgermeisters der Blockadezeit Ernst Reuter.

1996

Berlin ist überschuldet. Fast 15 000 DM pro Einwohner beträgt die Schuldenlast, 25 % aller Einnahmen müssen für die Begleichung der Zinsen aufgewendet werden. Eine Fusion der beiden – armen! – Länder Berlin und Brandenburg soll helfen, die Probleme in den Griff zu bekommen. Eine Volksabstimmung am 5. Mai

1996 jedoch ergibt: 63 % der Brandenburger votieren dagegen.

Überhaupt wird spätestens in der Mitte des Jahrzehnts sichtbar: Die Wiedervereinigung überfordert die Menschen in verschiedenen Bereichen. Viele Ostler bleiben – auch in der Freizeit – in den vertrauten Stadtgegenden, Westler desgleichen. Dennoch: In Prenzlauer Berg und in Mitte, bald auch in Friedrichshain verändern sich ganze Stadtteile. In den Straßen um den Kollwitzplatz und den Hackeschen Markt entsteht eine international geprägte Galerieszene, lassen sich Medienfirmen nieder. Hierher geht man am Abend auch aus dem Westen in schicke Kneipen und Bars. Berlin wird zugleich als Touristenziel immer beliebter: 1995 verzeichnen die fast 500 Hotels 7,5 Millionen Übernachtungen.

Der Bundestagsbeschluss über den Umzug nach Berlin war so knapp ausgefallen, die öffentliche Meinung so gespalten, dass für Parlaments- und Regierungsumzug nur ein einigermaßen langfristiger Terminplan durchzusetzen war. Doch 1996, am 27. September, beschließt auch die zweite Kammer des Parlaments, der Bundesrat, nicht in Bonn zu bleiben, sondern ebenfalls 1999 nach Berlin zu kommen und das ehemalige Gebäude des Preußischen Herrenhauses zu beziehen, das als Kriegsruine an der Leipziger Straße die Zeiten überdauert hat.

In Ostberlin herrschte einst ständig Wohnungsmangel, in Westberlin war vor allem preiswerter Wohnraum knapp. Der Zuzug vieler Fachleute nach 1989 verschärft die Situation, die Mieten steigen bis Mitte der 90er Jahre erheblich. Wohnungsbau wird attraktiv, in allen Bezirken entstehen Miet- und Eigentumswohnungen. Dann jedoch kehrt sich der Trend um: Führungskräfte bleiben nicht auf Dauer, Berliner ziehen ins Umland. Die Bevölkerungszahlen gehen zurück.

Lange ist es unklar, ob der Zeitplan des Regierungsumzugs eingehalten werden kann, man hatte beschlossen, ein völlig neues Regierungsviertel zu bauen. Am 1. September 1999 aber wird die neue Sitzungsperiode des Bundestages im Reichstagsgebäude eröffnet. Kanzleramt, Abgeordnetenbüros und Bundestagsverwaltung werden in den folgenden Jahren bezugsfertig.

Das Brandenburger Tor erhält sein ursprüngliches Aussehen zurück. Davor wird der Pariser Platz, das alte »Quarrée«, wiedererweckt, jener viereckige, umbaute Platz, den Friedrich Wilhelm I. hier hatte sehen wollen, vor dem Zweiten Weltkrieg die »gute Stube« der Hauptstadt. Am Platz entstehen Neubauten, größtenteils am gleichen Ort wie einst: schon 1997 das Hotel Adlon, nur wenige Jahre später zwei Bankgebäude und die Botschaft Frankreichs. Bald wird auch die Akademie der Künste fertig, und mit dem Bau der amerikanischen Vertretung ist begonnen worden. Im Sommer 2000 übergab Königin Elisabeth II. um die Ecke in der Wilhelmstraße den Neubau der Britischen Botschaft seiner Bestimmung, ebenfalls am Vorkriegs-Standort.

80 Jahre nach dem Zusammenschluss zu Groß-Berlin formiert sich die Stadt neu: am 1. Januar 2001 werden 2001
aus 23 Verwaltungsbezirken zwölf. Nur die großen Einheiten Neukölln, Spandau und Reinickendorf bleiben unverändert, die übrigen vereinigen sich, entweder unter Doppelnamen wie Charlottenburg-Wilmersdorf oder unter Aufgabe alter Bezeichnungen; so verschwindet das traditionelle »Prenzlauer Berg« im alt-neuen »Pankow«.

Zu Beginn des dritten Jahrtausends, acht Jahrhunder- 2004
te nachdem sich Ehrgeizige, Gewinnsüchtige, Ruhelose und Unzufriedene aus dem westlich der Elbe gelegenen »Reich« auf den Talsandinseln der Spree niedergelassen haben, steht die Hauptstadt wieder vor großen Herausforderungen.

Berlins Hoffnung, dass neue Produktionen und neue Konzernzentralen die verschwundene Industrielandschaft ersetzen würden, haben sich bisher kaum erfüllt.

Berlins Kapital jedoch und seine langfristig wohl größte Chance – die Fachleute sind sich da einig – liegt in der hohen Anziehungskraft der Stadt auf jene Unzufriedenen und Ruhelosen, Kreativen und Wagemutigen, von denen immer noch das Neue auszugehen pflegt – wie vor 800 Jahren.

REGISTER ORTE UND GEBÄUDE

REGISTER ORTE UND GEBÄUDE

Ortsangaben im Text des Buches ohne Bezirksangabe beziehen sich immer auf den Bezirk Mitte

REGISTER PERSONEN

REGISTER PERSONEN